現代教育のシステム論

ルーマンの構図

石戸教嗣

世織書房

まえがき

本書は、ドイツの社会学者ルーマン（Luhmann, N. 1927～1998）のシステム論を援用して、日本の教育システムの諸相を考察するものである。没後二〇年を経るが、ルーマンのシステム論による社会分析の可能性はまだ尽くされてはいないと思われる。

本書が題する「現代教育」というときの「現代」は、新自由主義が主導的なイデオロギーとなった時期以降をさす。したがって、この約三五年間の教育の変化を扱うことになる。

ルーマンの理論は、近代の機能社会の観察理論として展開されてきた。だが、近代社会の観察は社会学がその成立以来行ってきたことである。現代においてルーマンのそれが独自であるのは、つぎの二つの面を備えていることにある。

一つは、その高度な一般性・抽象性である。彼は自身の社会学理論の構築について、「あらゆる社会的なものを扱うという意味で、その対象把握の普遍性を要求する」（SS）と述べている。これは、時代を超えて普遍的という意味ではなく、どの社会的事象にも適用可能な一つの理論装置として、汎用性があるという意味においてである。

ルーマン理論のもう一つの側面は、システムにとっての解体性である。それは、社会が成員間のコミュニケーションによってかろうじて維持されていることを示す。彼の考察の対象は、社会の主要な機能システムを中心に、エコロジーやリスクといった個別の社会的事象までに及んでいる。それらの事象にシステム論で接近するときには、実践と観察の間の自己言及性に伴う葛藤に直面させられる。それは、彼の言によれば、神学者が自身の宗教についての社会理論を書くときに、自分の信仰する宗教を解体する恐れがあるようなものである（AW）。ルーマンの理論はたしかにこのような解体可能性をはらんでいる。しかし寡聞にして、ルーマンの本を読んで信仰を棄てた神学者の例を知らない。

そもそも、現代社会に生きる者にとって、活動と観察の間のジレンマはどんな場面においても発生することである。われわれは、各機能システムに参加しながら、自分の活動を観察し、それによって自分の活動を再開している。また、教育システムは、「子ども」をメディアとして、「良い」こと、希望を伝えるシステムであるので、解体可能性を前面に出して論じることはその性質からふさわしくないともいえる。本書では、ルーマンのシステム論の解体性を意識しつつも、その普遍性をより活用していきたい。すなわち、コミュニケーションが錯綜する現代社会を観察する装置としてのその汎用性の特徴を生かしたい。

本書の各章のテーマは多岐にわたるが、「排除」「ネットワーク」といった、これまでのルーマン研究ではあまり扱われてこなかった概念に重点に置いて検討を加えている。これは、現代の教育へのアプローチを模索しながら結果的にそうなったものである。

近年、一国中心主義や保護貿易主義の潮流が強まり、新自由主義によって主導されてきたグローバリズムは新たな段階を迎えている。この時期において、これまでのグローバル化の中で日本の教育がたどってきた道筋を振り返る意味もあると思われる。そして、これからの社会変化の考察にも耐えられるかどうかでルーマン理論の真価が試されるだろう。

現代教育のシステム論・目次

＊ルーマンの著作については以下の通り略記号で表示している。

RE *Reflexionsprobleme im Erziehungssystem*, 1979.

PTW *Politische Theorie im Wohlfahrtsstaat*, 1981.（『福祉国家における政治理論』二〇〇七年）

LP *Liebe als Passion*, 1982.（『情熱としての愛』二〇〇五年）

SS *Soziale Systeme*, 1984.（『社会システム理論（上・下）』一九九三／一九九五年）

AW *Archimedes und Wir*, 1987.（『ルーマン、学問と自身を語る』一九九六年）

ESR *Essays on Self-Reference*, 1990.（『自己言及性について』一九九六年）

SR *Soziologie des Risikos*, 1991.（『リスクの社会学』二〇一四年）

KME *Das Kind als Medium der Erziehung*, 1991.（「教育メディアとしての子ども」『教育学年報4 個性という幻想』一九九五年）

RdG *Das Recht der Gesellschaft*, 1993.（『社会の法（一・二）』二〇〇三年）

IE Inklusuion und Exklusion, in : ders., *Soziologische Aufklärung*, 1995.（「インクルージョンとエクスクルージョン」『ポストヒューマンの人間論』二〇〇七年）

RM *Die Realitat der Massmedien*, 1996.（『マスメディアのリアリティ』二〇〇五年）

GdG *Die Gesellschaft der Gesellschaft*, 1997.（『社会の社会（一・二）』二〇〇九年）

GW Globalization or World Society, *International Review of Sociology*, 7 (1), 1997.

OE *Organization und Entscheidung*, 2000.

EG *Das Erziehungssystem der Gesellschaft*, 2002.（『社会の教育システム』二〇〇四年）

ES *Einfürung in die Systemtheorie*, 2002.（『システム理論入門』二〇〇七年）

現代教育のシステム論

序論

ルーマンの教育システム論を概観する

この序論では、本書の各論で引用するルーマンの基本概念およびその理論の基盤について、できるだけわかりやすく説明したい。

本書のまえがきでも述べたように、ルーマンの理論の特長は、その汎用性＝ユニバーサル性にある。そのユニバーサル性ゆえに、その理論は抽象的なものになることが避けられない。また、それは「ルーマン語」とも呼べるような独自な体系と用語から構成されていて、すぐに習得し、使いこなすことは難しい。だが、いったんその基本概念の意味が理解されたならば、輻輳する現代社会の機能システムが共通の仕組みをもっていることが見えてくると思われる。ルーマンの理論は、異なる機能システム間のコミュニケーションを可能にさせるものであり、その意味でユニバーサルな社会言語であるともいえよう。

ルーマン研究の普及という点では、翻訳による受容は英語圏よりも日本が先駆けていた。一九九〇年頃にカナダの著名な教育社会学者と会って話をする機会があったが、そのとき、筆者の研究テーマを尋ねられ、ルーマン理論の研究をしていると答えたら、「ルーマンって誰？」と問い返されて驚いたことがあった。

英語圏における普及が遅れた要因の一つは、当時の英語圏では、システム論的な社会学はギデンズが主導していたからでもあろう。ギデンズの理論は、新自由主義（ネオリベラリズム）の修正版として当時の英国の「第三の道」政策にも採用されていた。

ギデンズとルーマンの論は、近代化の過程で社会の再帰性が増大するという指摘において、表面的に類似している。すなわち、近代社会では、個人の自律化が進み、自分が何者であるかを自己観察する。これは社会レベルあるいは集団レベルでも同じである。そのとき、たとえば、現代は「消費社会」であるという観察がなされたならば、自分（あるいはある集団）は消費主義的なのかどうかで、自分を判断するようになる。あるいは、情報化社会では、一つの情報発信がつぎの情報発信を誘発し、相互参照性が高まる。

このような見方を共有するために、ギデンズを読めば、ルーマンのいうこともだいたい同じだろうという先入観を持たれがちである。また、ルーマンの文章が、独自な用語をちりばめ、高踏的なスタイルであるのに対し、ギデンズの文章ははるかに理解しやすい。だが、両者を読み比べるならば、世界変化に対する見方、特にグローバル化に対する見方が対称的であることがわかる(1)。

そういった意味で、ここでは、ルーマンのシステム論が今後の世界・日本社会にとって持つ可能性も示したい。また、ルーマンの教育システム論を概観するのにも、社会システムの変動の長期的な広い視点から行う必要があると思われる。

1　社会の理論

ルーマンの理論がユニバーサルであるのは、その理論の総合性にも由来する。元々彼は行政公務員としてキャリアをスタートさせた。そのため、初期の著作にはテクノクラート的な発想が見られる。他方で、彼は、ドイツの哲学的伝統のうち、フッサールの現象学、ハイデガーの実存主義の流れに立つ。合わせて、当時のシステム論の潮流としてのサイバネティクス論、あるいは、ポストモダンの思潮におけるデリダの脱構築主義など、様々な哲学・自然科学・人文科学・社会科学の研究を摂取しながら、理論を構築し、また修正していった。その中で、彼の社会理論の出発点となったのは、アメリカの社会学者パーソンズの理論であった。

一九六〇年に、彼がパーソンズの下に留学中に取り組んだのは、パーソンズの「構造機能主義」を動的なものに作り替えることであった。ルーマンは自身の理論を「機能構造主義」と呼んだ。それはつぎのような意味においてである。すなわち、パーソンズによれば、社会システムが安定した構造として維持されるのは、その社会で価値（規範）が共有され、主要な下位システム（経済・法・政治・文化）がそれぞれ所定の機能を遂行することによってである。これに対して、ルーマンは、機能システムは社会の進化の過程の中で生み出され、それ自体が独自な展開を遂げ、その結果として現在の構造が形成されていると考えた。

ルーマンのこの発想転換は、彼の独自な「社会」概念に基づくものでもある。それまでの社会学は、ほとんどが社会を一種の共同体（Gemeinschaft）としてイメージし、規範・価値・文化を共有するという前提でとらえていた。これに対して、ルーマンは、「社会」に、そのような調和的前提を含まないGesellschaftという語を当てる(2)。それは、社会が初めから価値・利害が異なる多様な人々の集合体として存在し、それが複雑化してきたという歴史認識によるものであった。そして、近代社会を、かつての社会的中心、あるいは上位としての絶対的支配者（層）が存在しない、互いに自律している機能システムが分出してくる社会、すなわち、機能分化社会としてとらえる。

ルーマンが近代社会を機能分化が進む社会としてとらえるのは、後でも述べるが、これまでの人間社会が、かつての部族制、身分制を脱し、そして現在もまだ残っている階級制も超えていくという展望においてである。そして、同時に、その先には、どの機能システムも他の機能システムに優越することがなく、社会の脱中心化が進んでいくという見通しにおいてである。

一九七〇年代のルーマンの理論は、まだ構造主義の性格を帯びていた。だが、彼の関心は、システムが自律的に運動し、変化を遂げていくことにあった。その中で、彼は当時隆盛していた構成主義の流れに着目し、一九八〇年代に「オートポイエティック・ターン」と呼ばれる転換を行うことになる。それはシステムが自己創出しつつ、環境と相互作用しながら存在していることを記述する理論であった。

社会において教育システムが分化する過程もその例外ではなく、教育は、ルーマンの研究生涯を通じて一貫して関心の対象であった。彼の教育システム論について述べる前に、次節では、それを包括する一般的な社会理論について見ておく。

2　社会システムの類型

二〇一八年一一月に、インド洋の南方にある北センチネル島という孤島において、社会システムとは何かを考えさせられる事件が起こった。そこに住むセンチネル族は外部との接触を嫌っていて、そこに上陸を試みたアメリカ人宣教師が浜辺に近づくや原住民に槍・弓矢で殺害された。この事件は、近代の機能システム（ここでは宗教システム）に属する者が、原始的な生活を送る部族社会とコミュニケーションするときの難しさを示している。このように、異なる社会システムに属している者どうしは、会ってすぐにはコミュニケーションできない。お互いに、自分が属しているシステムが「社会」だと思っているからである。

では、このように異質で多元的な社会をルーマンはどう説明するのだろうか？

ルーマンの主著は『社会システム理論』（SS）であり、それから読み始める人もいるだろう。そして、そのタイトルから、そこでは「社会」の説明から説き起こされると期待して読むだろう。ところが、その書は「システム」概念の説明から始まっていて、読者は冒頭から困惑させられる。

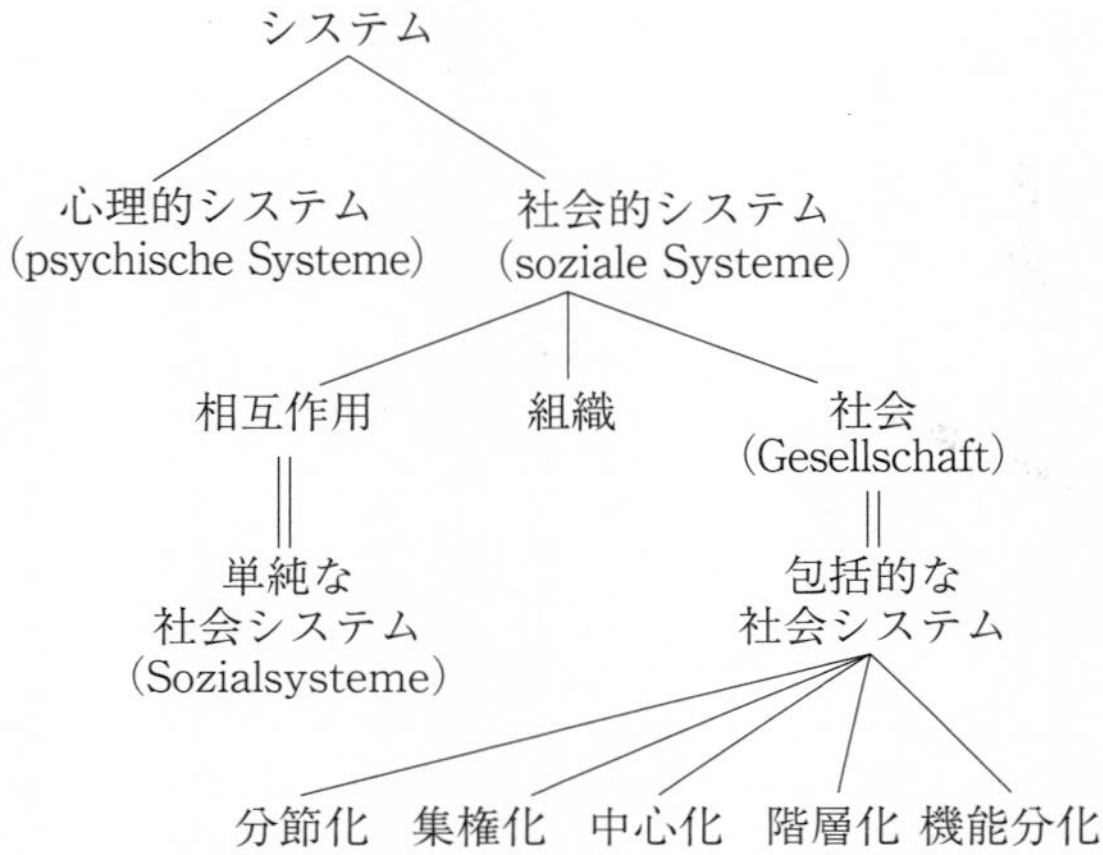

図1　社会類型と社会分化

（出典・（SS：301, 305）（GdG：74）を参考に筆者が作成）

図1に示すように、ルーマンの理論では、社会があってそれがシステム化するのではなく、システムが先にあって、それが社会的システム（soziale Systeme）と心理的システム（psychische Systeme）になるという構成をとる。この二つのシステムに共通するのは、環境に対して自己を閉じることと、その内部で意味を処理していることである。

では、社会的システムと心理的システムの違いは何か？　それは、社会的システムの要素はコミュニケーションであって、心理的システムは意識を要素とするという点である（SS：493）。

ルーマンの著作のほとんどはドイツ語で書かれているので、彼の社会概念を理解するのに、日本語で表記すると困難な面がある。これはどういうことか？　日本語（また英語も）では表記が同じになるのだが、ドイツ語では「社会」を表現するのに、主として形容詞として用いられるsozialと、名詞・形容詞として用いられるGesellschaft, gesellschaftlichが使い分けられる。彼は、「社会（Gesellschaft）」は「社会的システム（soziale Systeme）」の一類型だという(3)。

ここで前者（Gesellschaft）は、一定の持続性を持つ人物間の関係やつながりを表現するのに対し、後者（soziale Systeme）は、人々の集合的状態を表現するために用いられる。たしかに、単に人と人が交流しただけでは、まだ持続的に存在する「社会（Gesellschaft）」にはならない。

ルーマンは、人と人が交流する次元の社会的システムを「相互作用」（Interaktion）と呼ぶ。それは、交流がやめばその時点で消滅する（社会的）システムである。カフェで友達とおしゃべりをする場合がそうである。ところが、人物間で一定の役割期待があるとき、その関係に持続性が備わる。子どもを育てるのは、大人と子どもの相互作用から成るが、その大人に「親」という役割を付与しないと安定した養育にならない。

このとき、相互の役割期待によって「組織」（Organization）が発生することになる。ここでいう「組織」は会社や学校のような明確な指揮系統を持つとは限らない。家庭やクラブなどを含む、広い意味での組織である。

しかし、「組織」だけではまだ「社会（Gesellschaft）」にはならない。一つの家族だけで「社会」にはならないようにである。「社会」が成立するのは、「相互作用」と「組織」を超えたコミュニケーションが交わされるばあいである。たとえば、いくつかの家族からなる地域が、一つの集合体としてA村として意識され、他のB村とコミュニケーションする場合である。

こうして、社会は外部化し、しだいに拡大していく。

表１　社会分化の形式

分節化	未開社会における部族間システムに見られるように、同質的な集団が並立している。
中心化	都市／地方（中央／周辺）という関係が生じ、中央に情報や富が集中する。
集権化	分節集団を束ね、支配するリーダー、集団が存在する。その行政機構によって生活が効率化・公共化する。
階層化	支配／被支配関係だけでなく、出自による身分差や資産による階級差が拡大する。
機能分化	社会全体に関わる問題を解決するために、専門的な部署が作られる。専門家・専門用語も独自に発達する。

3　社会システムの分化

社会システムの拡大過程と並行して、それは内部で複雑化＝細分化していく。ルーマンは社会分化の形式として、分節化、集権化、中心化、階層化、機能分化をあげている。それらは、表1に示すような歴史的な経過をたどってきたものである(4)。

教育は社会の存続にとって不可欠な活動であり、普遍的な営みである。教育も、上に見た社会分化の段階に対応して変化し、機能システムとして分出してきた（表2を参照）。

機能分化した教育システムは、他の機能システムとは違う独自なコミュニケーションを行い、自己運動＝オートポイエシスを展開する。独自なコミュニケーションをするのは、独自なコードとメディアを備えることによって可能となる。そして、そのコードに基づいて、独自なプログラムを持つことによってである。

表2　社会分化に応じた教育

分節化	部族の長老による掟・しきたりの伝達。成人になるための通過儀礼が重要である。
中心化	都市に住む市民の子弟を教育するために、商売に必要な専門知識を伝える学校ができる。（他方で、田舎に住む住民は教育不要とみなされる。）
集権化	支配層にふさわしい能力の伝達。貴族の子弟のための学問伝授機関が作られる。
階層化	富裕階級の子弟は大学で専門的知識を習得し、労働者階級の子弟は、初等段階で労働に必要な最低限の知識が伝えられる。
機能分化	すべての市民に向けた共通教育がなされる。中等段階の教育までが義務化され、統一学校が作られる。

4　機能システムとしての教育システム

前期ルーマンの教育システム論の主著は『教育システムの反省問題』（*Reflexionsprobleme im Erziehungssystem*, 1979）である。この著において、彼は、特にドイツの教育システムが発展してきた過程を考察し、その中で独自なコミュニケーションが進化してきたことを示した。そして、中期には、教育システム論に関する単発的な論文を十数編発表し、前期の骨格に微妙な修正を施していった。後期の『〜の社会』シリーズのうちの一冊をなす『社会の教育システム』（EG）はその集大成になる。

ルーマンによれば、教育システムは、すべての市民を対象にする制度、すなわち公教育制度が作られた時点で、一八世紀に機能システムとして成立したと考えられる。だが、当時はまだ宗教の影響が強く、神に近づくための「人間完成」といった目標が掲げられていた。一九世紀の産業革命・市民革命において、職業的養成の社会的要求が高まってくると、教養（基礎学力から高度な学問能力までを含む）を身につけるための「陶冶」（Bildung）という目標に代わる。そして、「陶冶」という目標を掲げたとき、それを実現するために教育を技術化する試みとして教授学の確立に力が注がれるようになった。ルーマンはさらに、二〇世紀に入ってからは、教育学は学習論に力点を移し、学習能力の形成を志向していると見ている。

このようにして、ルーマンは、他の機能システムと同様に、教育システムも自律化の方向に進化を遂げ、社会的分化の一翼を担っていると考えた。

教育システムは、このような独自な目標を掲げてコミュニケーションを行うことによって、全体社会の中で独自な機能システムとなる。それと同時に、教育システムの内部においても、教師と生徒間で独自なコミュニケーションがなされている。この二つの面で、教育システムは独自な意味処理を持続・反復させるシステムである。

1　教育システムの特異性

表3は、各機能システムにおいて独自に通用するメディア、コード、プログラム、共生メカニズムを一覧にしたものである。経済システムを例にとるならば、そこでは、支払うか支払わないかのコミュニケーションが貨幣を用いてなされる。支払いの根拠となったり、見通しを与えるものは、価格であったり、投資として利益がもたらされるかである。そして、経済的コミュニケーションを交わす人たちはそれぞれ個々人として多様な欲求を抱えてそのシステムに参加する。

表3　各機能システムにおける特有なメディアとコード

機能システム	象徴的に一般化されたメディア	コード（左側の価値が選好される）	プログラム	共生的シンボル（有機体との関連の調整）
経済	貨幣	支払う／支払わない	価格、投資	欲求
学問	真理	真／偽	理論と方法	知覚可能性
家族・親密関係	愛	愛／非愛	愛の物語	性
芸術	美	美／非美	様式・作品	知覚
政治	権力	政府／野党	選挙	物理的強制力
法	正義	合法／違法	法規、裁判	制裁
マスメディア	新奇	情報／非情報	ニュース、広告、娯楽	リアリティ*
宗教	信仰	内在／超越	教典	安寧**
教育	点数、子ども、ライフコース	良／否（または不在）	カリキュラム、教授法	能力**

註・*はそれらで確認できず、筆者が補ったもので、筆者の読み落としがあるかもしれない。**はルーマンの著作では確認できないが、ルーマン研究においてそう論じられているものである。
（出典・ルーマンの各著作およびルーマン理論の研究から筆者が作成）

表3を見て、教育システムが他のシステムと違う点は、三種類の「象徴的に一般化されたメディア」があることである。これは、ルーマンが教育システムの分析にかなり手こずり、学説を変化させたためである。この事情を説明しておこう。

前節で見たように、教育システムでは、およそ三世紀を通じて主要な目標が交替してきた。人間完成、陶冶、学習能力がそれである。これらの異なる目標（ルーマンの用語では「不確定性公式」）を共通に一括りにするのが、「象徴的に一般化されたメディア」ということになる。

すなわち、時代や社会状況の違いを超えて、教育システムである限り、そのコミュニケーションを行う際に必ず用いられるのが、「象徴的に一般化されたメディア」である。

前期ルーマンは、それを「成績」（点数）と見ていた。つまり、どんな目標を掲げたとしても、教育は生徒を「良い／悪い」というコードを用いて点数評価するというのである。ところが、このような成績重視の立場に対しては、伝統的な教育学から「それは本来の教育ではない」という批判が出されるのは明らかである。確かに、教育は子どもを成長させるためになされるのであって、評価することが最終目的ではない。ルーマンもこのことを否定はしない。

では、教育システムの働きを子どもの成長としたならば、そこでの「象徴的に一般化されたメディア」は何なのか？　また、「良い／悪い」に代わる二分コードはどうなるのか？　ルーマンの中期の教育システム論はこの問題を解明しようとした。

「教育メディアとしての子ども」論文（KME）において、ルーマンはそれまでの見方を変え、教育システムには、他の機能システムと同格な二分コードがないという見方に転換した。なぜなら、「子ども」を「大人」に成長させるために教育的働きかけが等しくなされたとしても、子どもがどのような大人になるかは、個々の子どもの選択に委ねられるからである。このことは、自己準拠的存在として子どもに「自由」を獲得させることをめざすリベラルな教育の場合は、なおさらである。親や教師が、この子どもにとって「良い」と判断しても、子ども自身がそれをどう受け止めるかは、誰にもわからない。（おそらく、本人もわからない。）

教育システムでは、「子ども」を「成長」させることをめざし、様々なコミュニケーションが交わされる。ここでは、「子ども」が「象徴的に一般化されたメディア」であり、陶冶、学習、知識獲得によって大人になること、すなわち、「能力」形成＝「成長」が「動機づけのシンボル」となる。この二つを組み合わせることによって、無数の教育的コミュニケーションが可能となり、そのコミュニケーション空間が教育システムを形成している。

このようにして、中期ルーマンは、教育システムのコードおよびシンボルは何かという問題に彼なりの答えを出したが、今度は逆に、教育システムが必ず行う成績評価は無意味なのかという反論が出されることになった。たしかに、教育システムの中核組織である学校が成績証明書や卒業証明書を発行しなかったら、社会は大混乱に陥るだろう。

そこで、後期ルーマンは、改めて「教育は成長のためか、それとも成績づけのためか？」という問題に立ち向かうことになった。そこでの結論は、教育システムは、成績づけと本来の教育という両者の間のパラドックスをたえず抱えこむが、かえって、そのパラドックスをばねにして、活動・コミュニケーションを続ける、というものであった。

そのパラドックスによって、教育システムは一種の論理的脆弱性を抱え込む。生徒を良くしようとして教育的に働きかけたとしても、その結果、評価によって（相対的・絶対的に）成績や行いが「悪い」生徒が作り出されるからである。だが、教育システムは、そのパラドックスを通じて、子どもをもっと良くしようとして子どもに働きかけることができる。このようにして、成績づけと教育的働きかけの間のパラドックスは教育システムが存続する原動力となる。

成績づけに偏していて本来の教育がなされていない、あるいは子どもをのびのびとさせるのはよいが、学力が身についていない……このような批判の間を揺れ動いて、教育システムは環境に対して自己を境界づけ、オートポイエシスを展開するというのである。

2　教育システムの拡張

近年では、教育システムは、学校という物理的境界を超えてコミュニケーションを拡張してきている。インターネット上の講義システムなどの展開がそうである。また、「教える人」は、インストラクター、メンター、コーチなど多様化している。さらに、多様な教材、学習法、資格制度が出現することで、「学ぶ」経験も多様化している。

後期ルーマンが、教育のメディアに「経歴」（ライフコース）を加えたのも、生涯学習社会の出現をふまえたものであった。

3　教育化する社会

一九七〇年代に流行った教育論に、イリッチが唱えた「脱学校論」というのがあった。学校制度が社会に浸透していくことによって、社会が学校に従属していくという論である。たしかに、当時は受験戦争が激しさを増し、皆がこぞって学歴獲得に目の色を変えていた時代で、脱学校論が注目されたのも、そういう社会背景があった。

脱学校論の主張に反して、教育が社会に浸透していく度合いは強まっているように思われる。それどころか、これからのグローバル化を見据え、「知識基盤社会論」が登場し、学校が社会の命運を担う中核的組織とも考えられている。

教育システムが機能システムとして自律化するプロセスは、教育的なコミュニケーションが社会に浸透していくプロセスでもある。この意味で、教育は教育システムの内部だけで存在しない。

このとき、家庭や会社などで権力（政治システムのメディア）が使われるように、教育システムの外部でも教育的なメディア、関係が浸透し、使われるようになる。上司は部下を教育する、人づくりに失敗する会社、教育ママ、後継者養成……など。

教育の社会的浸透は一面では、脱学校論が指摘したように、教育が追求する本来の価値の実現ではなく、教育を受けること自体が目的化する危険をはらんでいる。しかし、教育の社会化は、必ずしもマイナス面だけではない。むしろ、教育システムで必ず説かれる「どの子どもも見捨てない」というスローガンは、社会全体に広げていくべきではないだろうか？　すなわち、どの市民にも必要な支援の手をさしのべるというようにである。

4　教育システムの自己観察

それぞれの機能システムには、システムとしての統一性を持つために、自己観察が求められる。教育システムにおいては、教育学がその役割を担うことが期待される。しかし、その自己観察は、単に教育がめざす目標・価値とその実現のための教授・学習法の吟味だけに向けられるものではない。

教育システムは、社会システム全体の中での位置がいかなるものかを観察しなければならない。社会で交わされる教育的コミュニケーションにも目を配り、たとえば、公教育費支出の削減や教師の過労問題などをめぐるコミュニケーションが適切になされているかチェックしなければならない。さもなければ、教育システムへの信頼が失われることにもなるからである。

また、機能システムの自律化は、自己観察がきちんとなされないと、システムが暴走する危険もはらんでいる。経済システムにおけるバブルの破綻はその最たるものだが、教育システムでも、かつての受験戦争はそういった面があった。

こういった機能システムの暴走を防ぐ歯止めとして、ルーマンが想定しているのは「構造的カップリング」という装置である。これは、機能システム間で、互いに他の機能システムに介入できる余地を制度的に作るものである。たとえば、かつての受験戦争は、家庭も巻き込んで、教育ママ・教育家族を出現させたが、今日でもブラック部活と呼ばれるように、家庭生活を犠牲にした部活動もなされている。これは、家族システムと教育システムの間を調停する装置が未発達であることによる(5)。

また、教育システムと法システム・政治システムの関係もよく社会問題となる。「教育権」という概念は、教育システムにおいて教育を受ける機会の不平等が大きいときに、法システムが介入できる権能をあたえるものである。逆に、教育システムは、教育現場への司法・政治による介入を「教育の自由」

によって防ぐことができる。

5　他の社会理論・教育論との関係におけるルーマン理論の可能性

ルーマンの社会システム論が注目されるとき、既存の社会理論から批判や疑問が出されることになる。それらにシステム論はどういう立場をとるのだろうか？　ここでは四つの立場との関係を取り出し、ルーマンの理論が持つ可能性について見ておきたい。

1　生活世界論からの疑問

ルーマンの機能システム論に対する疑問としてよく出されるのは、「生活世界」との関係についてである。子どもは家族システムや学校システムに包摂されるかもしれないが、経済・政治・法などのシステムへの参加は成人になってからではないか？　あるいは、子どもが家族や地域といった所属集団の中で育つことの重要性が見逃されるのではないか?、という疑問である。

ここでの誤解の第一は、「生活世界」と「システム世界」が物理的に異なる空間としてイメージされる点である。ルーマンの機能システム論では、コミュニケーションが要素であるので、それが交わされる空間は特定の場所である必要はない。家庭の中にいながら、経済的、芸術的、宗教的コミュニケーションを行うことがある。あるいは、たとえば、四人家族がそれぞれ違った地域で生活していても、コミユニケーションをとりあっているならば、家族システムが維持されていることになる。

つぎに、子どもの生育にとっての家庭あるいは地域が与える影響の重要性についての問題がある。たしかに、人生初期の体験、特に家庭環境はきわめて重要である。ルーマンと論争を展開したハーバマスが、日常的に相互的に営まれる「生活世界」と利害関係が渦巻く「システム世界」を対比させるとき、明らかに前者が本来あるべき世界であると想定されている(6)。このとき、子どもは生活世界の温かい人間関係の中に置かれなければならない。システム論者とみなされるギデンズも、家庭において「基本的信頼感」が形成されずに育った子どもは、成人になってシステム世界に参加したときに、専門家への信頼を持つことができず、活躍できないという。

これらの見方に対して、ルーマンは、生活世界／システム世界という図式を立てること自体に否定的である。その図式は、生活世界論が、なじみある・安心できる関係の世界であって、システム世界が不気味な・安心できない世界、という発想に立っているからである。

そもそも、子どもが暮らす家庭や地域が安全で安心できる空間であるというのは自明だろうか？　虐待問題に歯止めがかかっていないように、今日の日本社会において、家庭で恐怖・不安を抱えて生活を送っている子どもが多数いる。虐待まで行かなくても、学校での友人あるいは教師だけが心を許せるという子どももいるだろう。また、地域も友好的な近隣関係だけで成り立っているわけではない。あるいは、SNSで見知らぬ人たちとの交流が支えになっている子どももいるかもしれない。

他方で、ルーマンは機能システムを頭から信頼できるとも考えてはいない。機能システムにおける生活は、「なじみある・信頼できる」生活であるかもしれないし、そうでないかもしれない。学校に行くとそこでは、人格的に信頼できない教師がいるかもしれない。だが、組織としての学校あるいは教育委員会がトラブルを処理してくれるという「システム信頼」があれば、まだ学校に行くこともできるだろう。

ハーバマスやギデンズの論では、〈生活世界＝安心できる世界〉／〈システム世界＝リスクある危ない世界〉という図式が想定されている。これに対して、システム論は、リスクやそれに伴う不安はどこでも存在するのであって、家庭＝安全・安心できる場というイメージは、望ましい理想ではあっても、現実には自明視できないと考える。問題ある家庭に立ち入ることが憚れるのも、その思い込みによってである。子どもにとって危険ともいえる家庭には、福祉システムからの支援がなされねばならない(7)。

かくして、問題は、生活世界とシステム世界のどちらが優先するかということではなく、両方の世界との関わりのバランスのとり方になるだろう。

2　経済規定論・階級論からの疑問

ルーマンの社会システム論に対して、「生活世界」論とは逆に、現実の生活は経済システムに規定されているのではないかという疑問もあるかもしれない。だが、莫大な収入を得たからといって、その人が幸福な家庭を築くとは限らない。むしろ、つつましい生活ながらも心のこもった会話を交わす家族の方がよほど幸福であろう。これと同様に、教育システムで満足することと、経済システムでの満足、家族システムでの満足は必ずしも連動しない。

ルーマンの見方に立つならば、経済規定論＝階級論こそ、経済が世界の中心であるという歪んだ世界像に基づいている。各機能システムが自律し合う機能システム世界こそ、バランスのとれた生活を送ることができる社会であって、またそこにこそ階級差を克服していく道筋を見出すべきとなる(8)。

さらに、ルーマンは、経済システムが最大の力を発揮しているという事実については、それが最重要だからではなく、最もうまく機能していないからだと見る。つまり、ある機能システムがその特有の機能を発揮しないと、社会全体がその欠陥に引きずられてしまうと考える。たとえば、インターネット革命で経済成長が期待されて、そこに資本が投下されたとしても、その取引を円滑に行うための法制度の整備がなされない、あるいは必要な人材養成ができない場合には、経済成長は実現できない。これと同様に、開発途上国で子どもが就学できない状態は、その国が長期的に低開発のままに止まることを招く。

格差の拡大や貧困の問題はこれからも社会の最重要課題であり続けるかもしれない。だが、それは、社会が経済をうまくコントロールできていない事態を示すだけであって、人間にとって経済的成功が最重要な達成課題であることを意味するものではない。

3　道徳教育論からの疑問

ルーマンの社会システム論は、それまでの社会学と異なり、共有された価値・規範によって社会が維持されるという前提には立たない(9)。だが、これまでの社会が、伝統的に継承されてきた価値・規範によって基礎づけられてきたのは事実である。それは特に、宗教が根付いている社会では、まだ日常生活を支配する原理ともなっている。

このとき、ルーマンの教育システム論において、道徳はどう位置づくのかという疑問がある。道徳の基本が家庭で養われるのは当然だが、社会生活上のマナーや人間関係の作り方を学ぶ上で学校が大きな役割を果たしていることは誰もが認めるだろう。

だが、機能分化社会においては、価値が分立することによって、統一的な行動基準を打ち立てることは困難となる。家庭生活と経済生活のどちらを優先するかは、それぞれの人の価値判断によって異なる。宗教についても個人の判断で選択するようになってきている。

ルーマンは、価値が多様化する社会状況において、道徳が社会生活一般を律する力を失ってきていると指摘する。だが、それでも、道徳には一定の存在意義があるという。それは、人物を全体的に評価する作用においてである。社会生活を送るうえで、機能コードだけで割り切ることができない場面はたくさんある。たとえば、職場や学校で行き違いがあって、感情的にぶつかり合うこともある。所属する機能システムのコードだけで判断できない微妙な状況においては、相手の人物を全体的に尊敬／軽蔑するというコミュニケーションがなされる。それは相手の人格を非難することによって、そういう態度をとる人とはコミュニケーションを続けることができないという、一種の警告となる。

機能分化社会においては、道徳は社会を統合する装置ではなく、人物間の関係を円滑にするツールとなるだろう。そして、学校がそういった観点から道徳を教育することもありうるだろう。

4　グローバル化論からの疑問

一九八〇年代以降、世界はグローバル化のスピードを速めてきた。このグローバル化の流れの中で、経済・軍事・科学をめぐる競争が激しくなり、大国間の覇権争いが強まっている。この状況に対して、ルーマンの機能システム論はどう関わることができるだろうか？

ルーマンのシステム論は、最初から「世界システム」論でもあった。なぜなら、そこでの「システム」はコミュニケーションを要素とするので、「国境」を必要としないからである。

この二〇年の間に、インターネット革命が進み、それは産業革命を超えるような社会変化をもたらしている。しかし、世界社会における機能システムは、まだ国民国家の枠内でコミュニケーションする割合が圧倒的に多い。ルーマンのシステム論は、このような過渡期にある世界社会の先にある、自律した機能システムのコミュニケーション世界を見据えた理論でもある。

6　本書の構成

本書の諸章は、ルーマンのシステム論に依拠して、現代日本の教育システムをめぐる諸課題を考察したものである。

「まえがき」でも述べたように、本書でいう「現代」とは、新自由主義が政策の主流となってからの

表4　2000年以降の主な出来事

年	社会（国内・国際）	教育（国内）
2001	N. Y. 同時多発テロ、アフガン侵攻・イラク戦争につながる	大阪教育大学付属池田小学校襲撃事件
2002		ゆとり教育全面導入、同時に「確かな学力」への転換
2003	労働者派遣法改正、規制緩和が進む	
2004		PISA学力調査で順位低下が問題となる
2006	「格差」が社会問題となる	教育基本法改正
2007		全国学力調査実施
2008	リーマン・ショック	
2011	東日本大震災	
2012		大津市中２いじめ自殺事件
2013	ブラック企業・過労死問題を契機に働き方改革	
2016		待機児童問題
2017	トランプアメリカ大統領就任	
2018	猛暑・台風被害など多発、気候変動の影響が論じられる	教師の長時間労働が問題化

約三五年間をさす。その期間のうち、近年の二〇年間で起こった主な出来事を列挙すると、表4のようになる。

この年表における諸事象がその時々の社会の動きと関連していることは疑いの余地がない。それらは、時代から影響を受け、また時代に影響を与えた。だが、短期的な年表を見るだけでは、より長期的に時代を規定している変化が見落とされる恐れがある。

その変化とは、現代では「インターネット革命」である。特に、二〇一〇年代に入ってから、GAFA（Google, Amazon, Facebook, Apple）と呼ばれる巨大プラットフォームによってわれわれの生活が「支配」されつつあることは、誰もが実感していることである。

また、二〇一五年以降は、これにＡＩ（人工知能）の支配が現実のものとなりつつある。一九八〇年代以降のグローバル化の流れ、またそれを推進してきた新自由主義の流れも、二〇〇〇年代以降も引き続き社会変化を促す要因として作用している。

こうした複合的な潮流の絡まり合いの中で、年表にあげた諸出来事をとらえるべきであろう。ルーマンは、ある事象の意味は〈事実的・時間的・社会的〉の三つの次元から構成されると述べている。すなわち、(1) その事象が空間的次元で事実としていかに確認されるか、(2) その事象がそれ以前と以後でどう違っているか、(3) その事象がどのように人々に理解されているか、の三次元で意味が構成されるとする。(SS：116–126) これをふまえるならば、本書の各章で取り上げるテーマや事象の考察も、つぎの三点を意識している。

すなわち、(1) 事実的確認としては、特に、ネットワーク化とグローバル化によるコミュニケーション空間の拡張が取り出される。(2) 時間軸においては、この三五年間の支配的イデオロギーであり続けている新自由主義の流れを意識する。(3) 社会軸においては、教育システムにおけるコミュニケーションを経済・政治・文化的システムにおけるコミュニケーションと関わらせてとらえる。

教育システムの変化の複雑さは、これら三つの軸が輻輳することの結果として生じている。各章の内容が他章にまたがることが多いのも、事実的・時間的・社会的次元が交叉するためである。

だが、本書の各章は、あらかじめ枠づけられた構想があって書き進められたものではない。いつ・どこで・どのように現れるかわからないのが社会的事象の通例であろう。

図2は、本書の各章のテーマを、それらに共通している諸要因・背景を含めて、構造的に位置づけたものである。

だが、問題をこのように構造的に整理し、分析することは、本書のめざすところではない。冒頭で述べたように、社会システムはもともとコミュニケーションが複雑化することで発生してきた。このことは、教育においても同様であろう。初めに教育システムがあって、そこに問題がはらまれるのではない。社会の諸事情についてのコミュニケーションがなされるプロセスにおいて、教育と有意な関係がある場合にそれらは教育的コミュニケーションとして教育システムを構成していく。

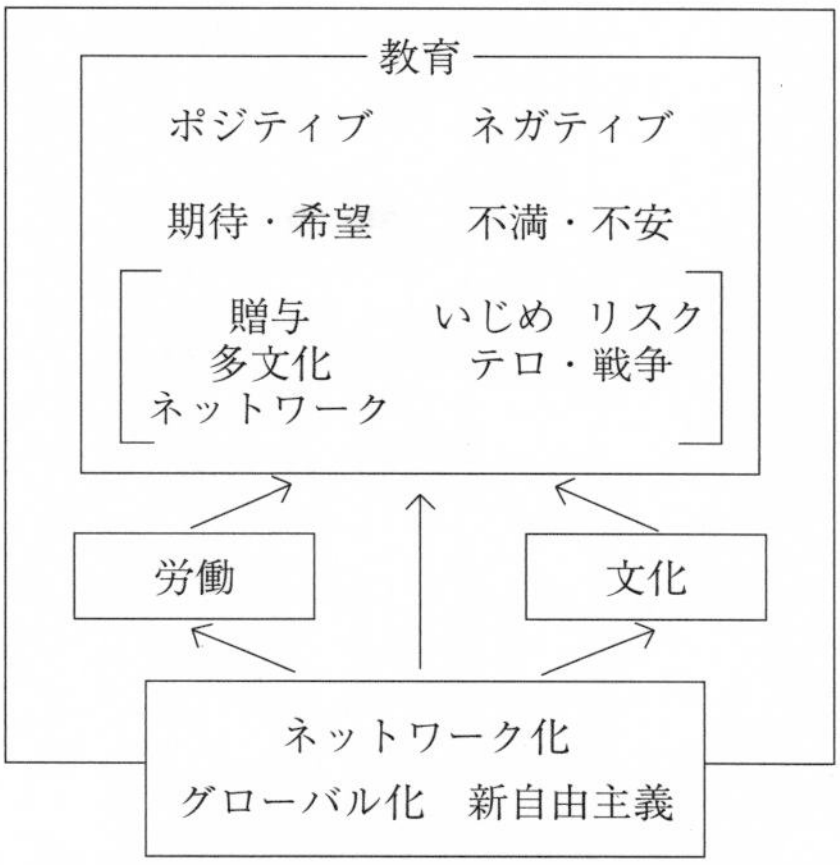

図2　本書の各章の背景と相対的位置づけ

教育システム論は、社会において交わされるコミュニケーションが教育にいかに内部化していくかを探るものである。また、教育システムの内部で結晶化したそれらのコミュニケーションがいかに社会に反作用するかを探るものである。

したがって、本書の各章が扱うテーマも、教育について交わされる雑多なコミュニケーションがいかに教育システムを形成しているかを観察する特定の視角ということになる。そこでの記述は、それぞれのテーマから教育的コミュニケーションを観察したときの筆者なりの見え方である。

（各章の書かれた時期によって、データや内容が一部古くなっている場合もあるが、その時期を振り返るものとして読んでいただきたい。）

第1章

労働の変化と教育システム

――教育原理のシステム論的再編

1 はじめに

一九九〇年代以降、教育学では、教育原理の次元で、キーコンピタンシー論、正統的周辺参加論、ケアリング論、「贈与としての教育」論、スピリチュアル教育論など、多様な考えが提起されてきた。これらの教育諸原理の多様化と並立化によって、かえって「学び」についての統一的なイメージが持ちえなくなる状況が出現している。

このとき、教育システムの自己反省として、教育諸原理の吟味や相互比較は、教育システムそれ自体の反省の反省としてなされねばならないだろう。さらに、システムの自己準拠は何らかの他者準拠との差異においてしかなしえない（SS：818）としたら、教育システムがここで他者準拠すべき対象としては、同時期に進行した「格差社会」化が最も重要であろう。「格差」は、単に古典的な貧富差の景気変動による一時的拡大ではなく、世界のグローバル化によって生じた構造的な問題である。社会の構造的変動に対応しなければならないという意味で、それは教育システムが「教育」概念を再検討する際に避けて通れない問題を提起している。

本章は、「格差社会」化と教育原理の多様化という一見無関係に見えるこの二つの事象を、システム論的方法を用いて労働の分化と関連させつつ探る。次節以下でその連関を論じる前に、これまでの格差社会と教育の関係の論じられ方を振り返っておきたい。

まず、「格差」問題は、財の不平等な配分状態をめぐる「再配分の正義」問題として論じられてきた。その多くは、すべての人に平等に保障される基本財の分配の原理を提示するロールズの論を出発点として、リバタリアンとコミュニタリアンの間の論争として展開されている。しかし、そこでは、現実の格差問題とは直結させられずに、基本財としての教育資源の平等な配分や機会の平等が規範的・原理的次元で議論されてきた。格差問題を理念的・一般的に論じる再分配論や正義論は、教育システムを外部的・構造的に統制するうえでは必要かつ有効かもしれないが、その論を教育内容・教授方法などの教育システムの内部構造の議論として展開することには限界がある(1)。

他方で、「格差」が教育システムの内部構造といかに関連しているかについては、「学力格差」や「意欲格差」の二極化に関する研究（苅谷 二〇〇三）や、教授方法（ペダゴジー）の違いが階層によって異なる影響を及ぼすことについての研究（耳塚・金子・諸田・山田 二〇〇二）などがある。これらの研究を通じて、教育が階層再生産のメカニズムに組み込まれていることが具体的に確認されている。

また、これらをふまえて、学校ができることを明らかにするべく、「効果のある学校」のケース分析がある（志水 二〇〇八）。さらに、本田由紀（二〇〇九）のように、教育のレリバンス、とりわけ職業的レリバンスの回復を追求する動きもある。

右に見た格差社会と学校との関係に関する研究の二つの方向性をさらに発展させるうえでも、格差社会化と関わらせて「教育」概念の再検討を行う必要があるだろう。一九九〇年代以降の教育システムは、格差社会化という外部環境の変化に対応しつつ、内部的にその反省形態として教育原理あるいは「教育」概念を多様化させてきたと推測される。冒頭にあげた教育システムの自己反省としてもたらされた多様な教育原理の並立状況は、格差社会化とともに進行した労働の分化に対応する教育システムの自己調整活動であったとも考えられる。

本章はこのようなシステム論的な視点に立って、労働の分化が進行する格差社会という文脈において「教育」概念の再検討を行うものである。また、これらの分化を超えた共通内容がいかに構成・伝達されうるかについても方向性を探る(2)。

2　格差から排除へ

格差社会化を教育システムの内部分化と関連づけるにあたって、本章は「格差」を「排除」と呼ぶことから始めたい。

「排除」という概念は、もともと機能主義的な概念である。伝統的にデュルケム（Durkheim, E.）の影響が強いフランスから用いられ始めたことからもわかるように、「排除」は有機的連帯社会の基礎をなす分業に参加できない状態をさしている。

デュルケムが「有機的連帯」論を展開したのは、当時の有力な社会理論であったスペンサー（Spencer, H.）の功利主義・個人主義に対する批判としてでもあった（Durkheim 1893=1971：268）。今日の「格差」が、レッセフェールへの回帰ともいわれる「新自由主義」の流れの中で生じてきたことを考えるならば、デュルケムにおける有機的連帯の社会論を「排除」の視点からとらえ直し、振り返る価値があると思われる。

デュルケムは、有機的連帯の社会の移行は、自ずから実現されるとは考えなかった。なぜなら、有機的連帯は、それぞれ異なる職業道徳を持つ職業集団間の連帯だからである。したがって、それは、国家の手になる道徳教育を通じて実現することが期待された。すなわち、有機的連帯の社会における市民は、まず職業に包摂され、その後に道徳を伴って社会的に統合される。

ところが、デュルケムにおいては、職業から排除される状態は想定されていない。経済荒恐による混乱については論じられるが、それは正常な状態からの逸脱的・異常な状態である（Durkheim 1893=1971：343）。

「包摂／排除」を「正常／異常」の図式でとらえることは、今日でも同じである。今日では、多くの人が収入の低減を経験し、転職を重ね、生活条件を悪化させている。不安定な就業状態は、実質的には、潜在的な失業に近く、生活不安がつきまとう(3)。全面的な排除とまではいかなくとも、いつ排除状態になってもおかしくないという不安が広がっている。このとき、社会は「排除」される不安あるいは排除されるリスクをコミュニケートすることによって連帯する社会となる。この意味において、「われわれはすべてデュルケム主義者である」（Levistas 2005：178）といってもよい。

しかし、本章では、「包摂／排除」関係を規範的な「正常／異常」の図式でとらえるのではなく、事実次元で「システム／環境」図式に置き換えてみる。すなわち、デュルケム的な「社会的連帯」をめざすことから出発するのではなく、各機能システムの自律性と自己創出に注目するルーマンの社会システム論から「排除」をとらえ直す。

ルーマンのシステム論における基本的図式は、「システム／環境」である。これによれば、ある個人が「排除」されることとは、システムに包摂されず、そのシステムにとっての環境となるという事態のことである。「システム／環境」図式は、もともと「包摂／排除」の関係と重なり合う（GdG：1095）。

これまでの福祉国家においては、排除は一時的な状態としてとらえられてきた。すなわち、失業は不況時に起こり、その間は失業保険などの福祉的支出によって生活を支え、好況時にはまた労働市場に復帰するというように、労働力の循環的な需給関係が想定されていた。

ところが、経済のグローバル化と急速な技術革新によって、労働力の需給バランスが崩れてきた。とりわけ、機械と外国人労働にとって代わられやすい工場生産労働においてそれが顕著である。グローバル経済の下では、「排除」は一時的状態ではなく、恒久的状態となる。

デュルケムが「異常」とみなした失業は、グローバル社会では恒常的な状態となる。また、職業集団への安定した所属は期待できず、有機的連帯の基礎が崩れる。

こうしたとき、「システム／環境」図式の意味がいっそう高まるであろう。失業者あるいは不安定雇用層は、労働システムすなわち経済システムの外部に置かれ、環境となり、経済的活動・コミュニケーションに参加できない。従来の「上層・中間・下層」という階層区別は経済システムに包摂された者にとっての区別であったが、その区別が適用されない「アンダークラス」(underclass)が生まれる(Young 1999=2007)(4)。

そもそも「上下」の差異に基づく「階層」は、機能分化した社会には不適な図式である。機能分化が進むにつれて、「階層」所属によって個人を特徴づけることは、しだいに意味がなくなってきている。これは、(機能分化)社会と個人が互いに「システム／環境」関係に入るということでもある。デュルケムは、機能分化の趨勢から、職業集団への所属に個人のアイデンティティを保証する基盤を見出した。これに対して、ルーマンは、同じ機能分化において、社会システムから個人が自律することを重視する。

このとき、個人は各機能システムにコミュニケーションを通じて参加し、多様な特徴づけを得る。個人Aは、家族システムでは夫であり、法システムでは被告であり、経済システムでは大金持ちであり、教育システムでは低学歴であり……という具合にである。同じような組み合わせの特徴づけが別の人物に与えられたとしても、それは彼らが同じ社会集団に属しているということを意味しない。それは、たまたまの偶然にすぎない（LP：15-16）。逆に、個人にとって自分のアイデンティティを確証するには、各機能システムでの自分の位置を知るだけでは不十分である。個人Bは、性・職業・学歴・政治的立場などの指標では自分を確認できない。彼／彼女が独自な存在であるのは、高度に個人的な体験や感情表出においてである。

しかし、このような個人化が可能であるには、個人が各機能システムに「包摂」されていて、市民生活が送れていることが前提となる。

「社会的排除」とは、単に個別の機能システムにおいて否定的評価がなされる状態ではない。ほとんどすべての機能システムにおいて否定的な評価がなされることによって、社会的コミュニケーションの機会全般が奪われた状態のことである。すでに述べたように、本来ならば、各機能システムにおける評価は互いに連動しないはずである。この一般的命題に反して、社会的排除の状態ではその連動性が現実になってしまっている。この一見矛盾する事態について、ルーマンは次のように説明する。

ここ（社会的排除の領域―引用者）では、社会は高度に統合されている。……それは、ある機能システムからの排除がいわば自動的に、別の各機能システムからの排除をもたらすからである。……インドの例では、路上に生活し、住所不定の家族は子どもを学校にやることはできない。あるいは、身分証明書を持たない者は、社会保障から排除され、投票できず、法律的に結婚できない。経済的困窮は、合法／違法という法コードに対して高度な無関心を生み出す（IE：232-233. 一部訳を変更）。

逆に、社会システムの側から見れば、ある機能システムがうまく作動せず、かなりの割合の人々がその機能への参加から排除されるとき、彼らは他の機能システムにも参加できなくなる。排除が経済的格差によって引き起こされているとしたら、それは経済システムの「貧／富」の指標が社会生活全体に浸透したためではなく、経済システムがうまくいっていないことの結果が社会全体に波及したためである。ルーマンは、機能分化社会では、一番機能していないシステムが社会を支配すると指摘する。なぜなら、機能分化社会では、「特定の機能条件が欠落した場合、それをどこか（他の機能システム―引用者）で補償することなどできないから」である（GdG：1059）。このようなシステム論的な見方をとるならば、排除における階層支配という図式それ自体の変更が必要となる。

同時に、社会的排除は、多くは「自己排除」を伴う（湯浅 二〇〇八）。この連動性が生じるのは、排除領域では人間は人物としてではなく、身体としてとらえられるためである。すなわち、そこでは、「コミュニケーションにとって重要な情報と伝達の区別が切り詰められ、きわめて縮減された情報関心だけが残る。知覚と、何よりもスピードが意義を持つ」（IE：237-238. 一部訳を変更）。

自己排除とは、このように身体的に危険すら伴う社会的排除の領域に対して自己を閉ざす防衛的反応と考えられる。特に、子どもの場合は、機能システムとの関わりは、主に家族システムと教育システムであるので、その二つのシステムからの排除によって自己排除が容易に起こるだろう。

3　労働の変化と教育システム

では、前節で述べてきたような社会的排除とは対極的な状態、すなわち、個人が社会システムに十全に包摂される状態とはどのようなものなのだろうか。その理想状態を想定して論を展開している代表的な例として、セン（Sen, A.）やギデンズ（Giddens, A.）の論をあげることができる。両者の論に共通するのは、個人の機能発揮をめざすこと、また、個人の自己実現には教育システムが大きな役割が果たすことを認めること、においてである。センとギデンズはそれをつぎの三つの段階に区分していると考えられる。

Ⅰ　潜在能力（ケイパビリティ）の形成――センは、人が機能を発揮するには、それを選択可能にする自由が与えられていることが条件になるという。そして、その自由を反映する機能ベクトルの集合を「潜在能力」とする（Sen 1992=1999）。教育システムには、個人の社会的包摂を可能にするための基礎的能力の形成が求められる。これらの条件なしには、諸個人は各機能システムにおけるコミュニケーションに参加できない。

Ⅱ　機能発揮の教育――右の基礎的な能力のうえに、個人は各機能システムに職業的に参加することになる。これを、センは「機能」の発揮と呼ぶ。

Ⅲ　自己発揮の教育――センとギデンズにおいて、最終的にめざされるのは、自己の発揮である。ギデンズはそれを再帰的個人、あるいは自己目的的自己の達成課題と呼ぶ。また、そのための教育は「ライフ・ポリティックス」の教育と呼ぶこともできる。また、センの言葉でいえば、「エージェンシー」として活動することである。この能力を獲得することによって、個人は単に平凡な市民として社会に機能的に適合するだけではない、独自な活動を展開することができる。

前掲の三つの区分は、日本における今日の格差・排除問題と関わる代表的な論とも対応づけることができる。

Ⅰの条件を重視するのは、潜在能力を「溜め」という語でいいかえる湯浅誠（二〇〇八）や、雨宮処凛（二〇〇八）の論である。これに対し、Ⅱを重視するのが、教育における職業的レリバンスの重要性を主張する本田（二〇〇九）である。また、学校におけるキャリア教育の充実をめざす『キャリア教育の推進に関する総合的調査研究協力者会議報告書』（文部科学省二〇〇四）は、自己発見の課題を重視する点で、Ⅲの立場に近い(5)。

本章は、Ⅰ～Ⅲの教育課題を、個人の時系列的・発達的なプロセスにおいてとらえるのではなく、Ⅰ～Ⅲの層の布置それ自体が社会の労働の変化と対応しているという事実においてとらえ直す。

これまでの「教育」は、個人をⅠ～Ⅲの各レベルで順次発達させることをめざしてきた。ところが、排除社会の現実は、理念として描かれるこのようなプロセスを無効化させている。逆にいえば、Ⅰ～Ⅲの図式は、教育におけるケイパビリティをすでに達成している先進国において被排除層が大量に滞留している事実を説明できない。

このようなとらえ直しは、センとギデンズの論を格差に抗する理念論としてではなく、機能論として解釈し直すことを求める。格差社会あるいは排除社会とは、単にⅠの条件を達成できずにアンダークラスが大量に発生する社会ではない。それは、Ⅰ～Ⅲの各層間の社会的距離が拡大する社会のことである。Ⅰの次元で最低限の生活条件を欠く被排除層、Ⅱの次元で職業的機能を地道に遂行する層、Ⅲの次元で華やかに自己実現に成功する層、それぞれが異なる生活空間を形づくる社会のことである。

排除される層の大量出現は、生産力の飛躍的向上とそれに伴うダウンサイジングを背景としている(Bauman 1998=2008：123)。これは、ギデンズが現代社会を「ポスト稀少性秩序」と呼ぶ所以でもある(Giddens 1994=2002：222)。

生産力の向上とともに、従来の労働市場・階層構造に質的な変化がもたらされることは、すでに各所で指摘されている。その代表的な例として、米国クリントン政権下で労働長官を務めたライシュ(Reich, R. B.)は、すでに一九九〇年代の初頭において、二〇%のシンボル・アナリストの社会集団がグローバル経済の主役となると指摘していた。そして、従来のブルーカラー層は「ルーティン生産」の労働者層とされ、当時の時点で二五%を占めるが、減少が避けられないとされる。これに対して、三〇%を占め

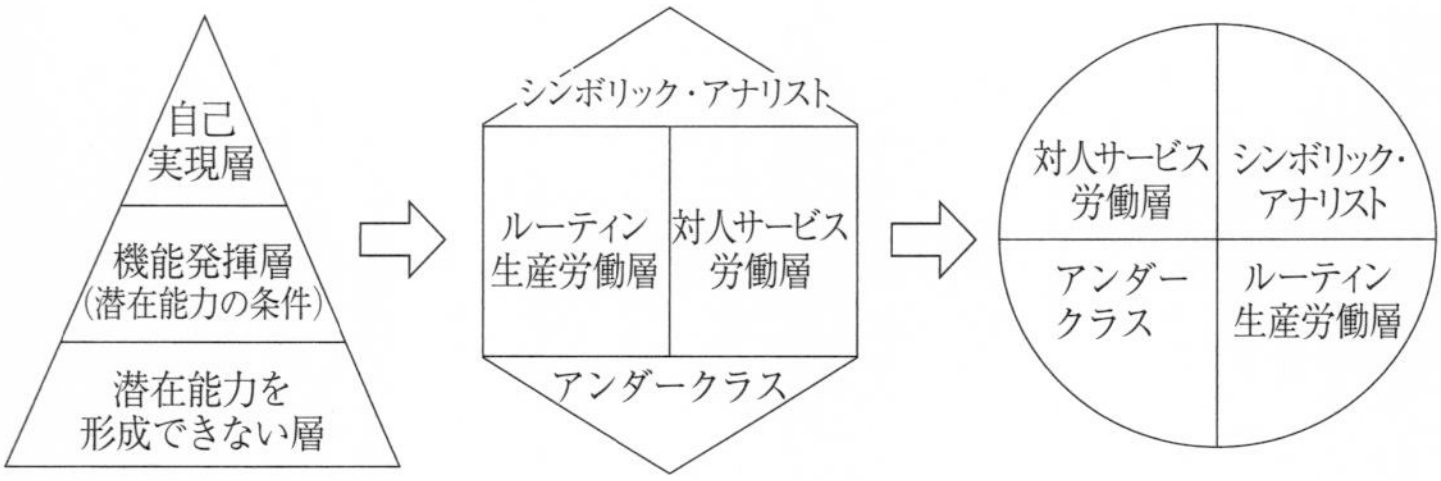

(a) セン、ギデンズの図式　(b) ライシュ、ハットンの図式　(c) システム論の図式

図1　4つの労働層

る「対人サービス」も単純な繰り返し作業に従事する点では、「ルーティン生産」と同様であるが、そのサービスが人間に直接に供給される点において国際的な取引にはなじまないとされる(Reich 1991=1991：243)(6)。

ライシュによれば、これら三種の労働以外の労働層は、農業・鉱山従業者、教師を含む公共企業・組織の労働者である。しかし、彼の図式においては排除された層、すなわちアンダークラスは含まれない。

これに対して、イギリスのブレア政権の支持議員でもあったハットン(Hutton, W.)は、「30／30／40社会」という図式を打ち出した。これによれば、労働層の四〇%は安定した雇用条件で働けるが、三〇%は不安定で一時的な被雇用層である。そして、残りの三〇%は周辺化された失業層とされる。この図式では、最後の三〇%が「排除」される層となるだろう(Hutton 1995：105)。

本章では、これら四つの労働層の関係を、垂直的な「格差」=「階層的差異」としてではなく、水平的な機能的差異としてとらえ直す。すなわち、シンボリック・アナリスト、ルーティン生産労働者、対人サービス労働者、そして、職のないアンダークラスの四つの層を、上下の関係ではなく、互いに依存し合う異なる職業・生活原理を持つ層としてとらえ直す（図1）(7)。「教育」概念の再検討の基礎となるこのとらえ直しは、「自由と平等」という理念を志向することから発するのではなく、社会の機能分化の延長線上にあるものであり、また、それを可能にする物質的基盤も視野に入れるものである。

四つの層を上下の軸で階層としてとらえるならば、それを貫く教育の原理は一元的能力主義的なものにならざるをえない。これに対して、四つの層を互いに依存・関連し合う関係においてとらえるならば、各層に応じた独自な教育を組み立てる途が開かれるだろう。そこで、本章では以下に、分節化された四つの労働層ごとに独自な教育原理を設定することの有効性を検討してみたい。

4 四つの労働層と教育諸原理

1 シンボリック・アナリストの教育

ライシュはアメリカの教育の強みとして、「シンボリック・アナリストの卵」である才能豊かな子どもたちをうまく教育していることをあげている。

将来の創造的な問題解決者、問題発見者、戦略的媒介者を育てるために、十分に準備している点では、アメリカ社会を超える国はない（Reich 1991=1991：314）。

彼らへの教育はその初歩段階から、抽象化、体系的思考、実験、共同作業を軸にしてなされる。その教育を通じて形成される能力は、PISA型学力、また、その元となるOECDのDeSeCoプロジェクトにおけるキーコンピタンシー概念、知識経済への移行を見据えたEUの「リスボン戦略」(二〇〇〇)の学力概念とほぼ重なる。

また、再帰性を増すポスト近代社会において各市民が自己のライフ・ポリティックスを組み立てる力を持つことの重要性を指摘するギデンズの「自己目的的自己」の達成課題とも重なる。ギデンズにおいては、競争を生き抜き、自己実現に向けて努力することが市民モデルとなっている。彼らは、「自己実現を生みだす積極的な挑戦課題として」のリスクに立ち向かう(Giddens 1994=2002 : 243)(8)。

しかし、ライシュにおいてシンボリック・アナリストが占める比率が二〇%と想定されているように、これらの高度なリテラシーを身につけることができるのは、エリート層の子どもに限られるのではないだろうか。「コンピタンシー」概念はもともとは、一九七〇年代においてアメリカ企業が、高業績をあげる人材を発掘するために採用したものである(奈良 二〇一〇)。このことが示すように、この創造性重視の教育原理をすべての子どもに適用することには限界があるだろう。

PISA型学力は、まだ断片的知識の量が問われることが多い日本の教育現実に照らして、よりましなリテラシーと言える。それは、「義務教育修了時点でのミニマムな学力の基準と内容」(佐藤 二〇〇七:一七)とされるが、同時に、「世界のエリートたちが一堂に会して問題を議論し処理するときに、価値中立的な道具として有効なリテラシー」(森田 二〇〇六：一四〇)と解することができる。

2　ルーティン生産労働者の教育

日本の中等教育が普通教育に偏り、職業教育が他国に比し弱体であることは各所で指摘されている(本田 二〇〇九：一〇六)。これが、日本においてルーティン生産労働者の排除が容易になっていることの一因とも考えられる。

しかし、職業教育の比重が低いとはいえ、日本の教育は、勤労の精神を重視してきた伝統がある。世界的にも、それが日本の教育の強みとしても評価されてきた。「頑張り」・「努力」は教師がまず生徒にかける言葉である。そして、学校で身につけた勤勉さや組織への忠誠心を発揮して、日本の工業生産は世界のトップクラスの水準を維持してきた。

だが、知識経済への移行につれて、そのような勤労の精神は逆に柔軟さを欠くものになる。むしろ、勤労意識に富み、一途に仕事に取り組むがゆえに、流動化する労働市場についていけず、取り残される恐れもある。また、労働市場がグローバル化し、低賃金の外国人労働と競合するとき、国内のルーティン生産労働は、単に勤勉さだけでは生き残れない。

その場合、ルーティン生産労働向けの教育はどういう方向を探るべきだろうか。

まず、本田がいう「専門性」を強化する方向が考えられる(本田 二〇〇九)。あるいは、ライシュがいうように、「シンボル応用力」を身につけ、事実上のシンボリック・アナリストになるという方向もある（Reich 1991=1991：344）。

いずれにせよ、ルーティン生産労働が、先進国の内部で生き残り、活路を見出すことができるのは、ルーティン労働を少しでも非ルーティン化することになるだろう。すなわち、機械化や外国人労働にとって代わられることがないように、その労働の質を向上させることである。同じ物を生産するにしても、精巧さや意匠において特殊な技能をもつ人手でなければできないものを作ることである。これは、ルーティン生産労働を合理化するのではなく、逆に、機械化できない要素をみつける方向である。

このような職人的労働に向けた教育や学習のあり方は、徒弟教育において典型的に見られるものである。あるいは、学習論としては、「正統的周辺参加」論がそれに当たる（Lave & Wenger 1991=1993）。「正統的周辺参加」論は、既存の認知的学習観に根本的変更を迫るという解釈がなされる場合が多いが、本章では、今日の労働が置かれている文脈に照らして、限定的なものとしてとらえたい。たしかに、それは、学習が学習者の単独の行為ではなく、先輩・後輩の関係からなる学習共同体への参加のプロセスとして、「状況に埋め込まれている」ものとしてとらえ直す点で、近代の合理的学習論に再考を迫るものである。それは、ルーティン生産労働を単純な個人労働から複雑な技能の集積からなる協働的なものへと転換するうえで貴重な視点を提起する。

だが、それはこれからの知識経済社会を担う学習論としては全面的に評価することはできないだろう。つまり、学校教育のすべてが「正統的周辺参加」の形式になるとは考えられない。それは、やはり中等教育以降の職業・専門学校に適合的な教授・学習パターンとして位置づけることができる(9)。

3　対人サービス労働者の教育

ここでの教育原理は「ケアリング」である。

ケアリング論の代表的な論であるノディングズ（Noddings, N.）の論はリベラル・エデュケーションに対抗する論として構成されているが、その内容は、知識社会学的には、アメリカ社会におけるケアリングを必要としている子どもの多くが、将来的に対人サービス労働に就くという現実に見合うものであり、その点において説得性を持つものとなっている。

ノディングズは、その著『学校におけるケアの挑戦』の冒頭において、今日の学校が「学校がケアしてくれていない」という生徒たちの不満に応えることをめざすとしている（Noddings 1992=2007：21）。しかし、ケアは、単に一時的にそれを必要とする生徒への支援ではなく、どの生徒もが身につけるべき資質・能力として目標化される。また、学校のカリキュラムもその目標に向けて構成される。さらには、そういったケア能力を身につけた生徒は、その特質を生かして社会に出ていくとされる。

ノディングズはいう。「私は子どもたちのすべてが、思いやりのある愛の仕事をする準備をしてほしい」と（Noddings 1992=2007：105）。

これは、同書の冒頭に指摘されているように、ケアを必要とする子どもの多くが下層階級出身であることを考慮するならば、下層階級の子どもがケア関係の仕事、あるいは広く対人サービス労働に就く現実に見合うものである。

その仕事は、「負担と同時に特殊な愉しみをもたらす」とされる。また、「子どもたちには貧困に苦しまないでほしいが、同時に、富を追い求めないでほしい」とされる（Noddings 1992=2007：112）。

このような目標を掲げるケアリングの学校は、特に中等段階においてカリキュラムの変化を求める。そこでは、標準的教科とケアのテーマは時間的に半々とされ、ケアの諸テーマとして、健康管理、性、子育て、家事の技術、運転技術と交通安全、栄養、ドラッグその他の薬物嗜癖、環境問題、現代生活で生じる他の事柄があげられる。

これらは、生徒たちの多くが就くサービス労働を遂行するうえでの基礎的な技能・知識に他ならない。また、より高度なサービス労働に向けたプログラムも用意される。それらは、おそらく、エンターテインメント、プロ・スポーツ、ヒーリング関係の職種を想定したものである（Noddings 1992=2007：139–140）。

そして、これらのプログラムは「大学入学準備用」ではないということも強調される。

このようなケア向けのカリキュラム・プログラムが教えられるのは、もちろん座学ではなく、実践を通じてである。「生徒は、熟練したケアをできる人たちと共に実践（実習—引用者）しなければならない」（Noddings 1992=2007：266）。

4　第四の教育原理：贈与としての教育

すでに見たように、アンダークラスについてのとらえ方として、彼らには「道徳的欠陥」があるという見方があり、また、「社会統合」の観点から彼らの非就業状態を問題視する場合がある。こういう見方に立つならば、アンダークラスの人々に対して職業倫理を説き、就業支援をすることが必要となる。しかし、彼らの非就業状態がグローバル化や生産技術の飛躍的向上に起因することを考慮するならば、そのような教育的支援は、彼らをジレンマに立たせることになる(10)。

このとき、労働市場への包摂を直接にめざさない教育があってもよいのではないだろうか。アンダークラスの人々は、社会的に無価値ではない。社会の経済は純粋な消費者が存在して初めて、生産が継続可能になる(Steiner 1904/1905=1998：117)。被排除層の増大はその割合が高まってきていることの結果でもある。アンダークラスは労働市場から見れば、余剰層である。彼らを無理に労働市場に組み入れるならば、職の奪い合いという過当競争が起こるだろう。

教育システムから見れば、彼らは教育の新しい対象層として出現している。すなわち、労働に向けた教育の対象ではなく、労働と切り離して教育するという意味で、教育が贈与され、「自由」に向けた教育の対象としてである。

格差社会においてアンダークラスの人々は「敗者」と見なされる。しかし、その評価は経済システムでは当てはまるかもしれないが、他の機能システムにおける評価とは独立しているはずである。経済システムにおいて行き詰ることと、家族システムや教育システムにおいて行き詰まることは、本来関係がない。それが連動するところに、格差・排除問題の根がある。

このとき、労働という商品交換関係から排除され、社会システム全般から排除された人が社会システムに再包摂される過程は、物・教育の無償贈与から始まるのではないだろうか(11)。

そこでの教育原理としては、「贈与としての教育」が考えられる。本章がこれまで取り上げた三つの教育原理は商品交換社会への包摂を前提としていた。すなわち、労働の提供とそれに対する報酬という関係に基づいていた。労働から排除されたアンダークラスの人々にとっての教育は、このような商品交換関係モデルではない原理によってなされることになるだろう。

そもそも教育は、本来は社会の外部存在として生まれた子どもを社会の内部存在に育てる営みである。そのとき、教育は、先行する大人世代が子どもを迎え入れるための純粋贈与という形をとる。これと同様に、いったん社会の外部に排除された人を再度社会内に組み入れるにも教育が無償贈与されて然るべきであろう。

「贈与としての教育」という教育原理に立つとき、いかなる実践が展開されるかについての検討はまだほとんどなされていない(12)。本稿においてもそれを詳述することはできないが、レヴィナス(Levinas, A.)の思想はその方向性に貴重な示唆を与えていると思われる。

レヴィナスは、われわれが認識不可能な「他者」と向かい合うとき、われわれはその体験自体を「享受」と感じることができるという(Levinas 1961=2005, 森 二〇〇九)。ここでいう「享受」とは、「他者」という認識不可能なものをその無限性において感じとることである。このような根源的な関係にまで降りていくとき、「贈与としての教育」における「贈与する/贈与される」という関係性は、単に「教える」側から「教えられる」側に与えるというのではなく、逆に贈与する側が贈与される側から得ているというものである。そこには、教育知識を媒介として成り立つ通常の「教える／教えられる」という関係の非対称性を反転させる可能性が含まれている。

5　共通教育としての「接合」の教育へ

前節では、労働市場の分断化と対応した教育システムについて見てきた。それは基本的に中等教育以降に分化するものである（私学志向が強い都市部では、実質的に初等段階あるいは幼児教育段階から始まっている）。では、教える内容において共通の教育、すなわち「普通教育」（general education）はどのようになされるのだろうか。

排除を克服する方向において、共通の教育という理念は、政治的な「平等」の理念、あるいは「統合」の理念と結びつけてとらえられがちである。共通の教育は、どの学校においても同じ内容が同じ到達レベルで獲得されることをめざす。それによって階層的な不平等や社会の不統合状態を克服することがめざされる。このような文脈において、ヨーロッパ各国で取り組まれているシティズンシップ教育は、社会統合に向けた教育システムによる直接的な対応としてとらえることができる（Wagner 2008）。

また、共通学力の形成という面では、ＰＩＳＡ型学力への転換は、これまで標準化された学力を追求してきた伝統を持つ日本の教育システムが受け入れやすいものと考えられる。

シティズンシップ教育とＰＩＳＡ型学力は、いずれもデュルケム的な教育理念を引き継ぐものである。

すなわち、前者は、彼が有機的連帯社会における道徳の実現を学校に期待したことと対応し、また、後者は、分業化の流れにもかかわらず、学校は特定の職業人を養成するのではなく、「思考能力を一般的に発達」させる場としたことと対応している（Durkheim 1938=1966：下 280-284）。

これに対して、システム論的には、「平等」あるいは「統合」といった理念からではなく、機能的な観点から共通教育を構想することができる。前節で示した四つの教育原理は各々の労働種別に対応していて、教育システム内部での機能分化の動きを示すものであった。社会システムにおける各機能システムはそれぞれ自律している。その自律性のゆえに、社会システムは一つの理念に統合されることは困難である。そのため、統合の代わりに、教育システムにおいては、各機能システムに参加するのに必要なことを子どもに伝える必要がある。そして、これが「共通」な内容を構成することになる。社会の主要な機能システムにおける主要な事柄が「共通」として教えられなければ、その学校の生徒は特定の機能システムの事柄について無知の状態にとどまるだろう。

だが、その事柄は、必ずしも同じ教材および方法で教えられる必要はない。生徒がその社会の市民として生活するうえで、不自由を感じないという結果が大事である。この意味で「共通」内容の教材と教育方法は機能的に構成される(13)。また、その教育評価は、生徒を到達度で測るのではなく、逆に、その教育内容が適切かどうかを、生徒が社会に出ていくにあたっての安心感でもって測定することになるだろう。

グローバル化した機能分化社会では、教育システムは社会の主要な機能システムのうち、その機能が

「うまくいっていない」システムのことを特に伝える必要がある。これは、教育システムが、統合された社会を作るために機能するのではなく、機能する社会を作るうえで機能するためにである。

これを、今日最も「うまくいっていない」事柄の一つである「年金」についての教育を例にとって説明しよう。

まず、シンボリック・アナリスト向けの学校では、年金制度の仕組みを教えるだけでなく、現行のそれがもつ問題点を考えさせたり、富の世代間・階層間の移転という点から見て、よりよい制度を設計することまで取り組まれるだろう。

これに対して、ルーティン生産労働者あるいはサービス労働者向けの学校では、そういう高いハードルは設定できない。そこでは、これだけの年限働いて、これだけの保険金を納めることで、どれだけの額の年金が受け取れるか、といった実際的な知識が教えられるだろう。

そして、徒弟的な関係で教育がなされるルーティン生産労働者向けの学校では、年金は自分たち労働者の共同体としての相互扶助としても伝えられることで、いっそう教育効果が増すと思われる。他方で、ケアリングを教育原理とする対人サービス労働者向けの学校では、年金にまつわる個別のケースを物語ることが効果的だろう。

このように各層の労働の質と対応した機能的観点から内容を組み立てる共通教育は、「接合の教育」と呼ぶことができる。ここで「接合の教育」とは、「排除・包摂」の図式に基づくものではない。「排除・包摂」図式によるならば、「包摂」は分断システムにおけるメイン・ストリームに組み入れるものにとどまるからである。それは、共通のテーマについて、異なる教育原理と方法で学ぶものである。これは、社会学的な反省として知識の編成を行うことによって可能となる。

これまでの共通教育は、歴史的に評価が定まった科学・文化を伝えるという観点から、本質主義的に構想されることが主流であった。これに対し、前述のようなシステム論的な観点に立つならば、経験主義の要素を共通教育の内容に組み入れることができると思われる。

しかし、「接合の教育」は、単に経験的な内容で特徴づけられるのではない。その主眼はむしろ、教育内容の編成、あるいはカリキュラム構成の次元において再帰性の視点を取り入れることにある。「接合の教育」は、「システム／環境」の差異を自己に再適用することによって、カリキュラムを構成する。すなわち、学校の種別が労働市場の分断化・分節化と対応していたとしても、そこで教えられる教育の内容は、教育システムの内部でその分断・分節の現実について再帰的に考察するものだということである。カリキュラムは、ある意味でその学校のアイデンティティである。あるいはその学校が語る物語であり、それ自体がつねに再帰的に構成されなければならない。それは、個々の学校の存在それ自体を主張するのではなく、全体の教育構造の中での自己の位置をたえず振り返り、たえず作り変えられるものでなければならない(14)。

第2章

「商品としての教育」から「贈与としての教育」へ

1　はじめに

日本の教育において、教育が商品として提供される機会は日常的な光景になっている。それは、教材（モノ）単体の場合もあれば、教師の労働（労働力商品としてのヒト）とセットになっている場合もある。後者の典型が、塾や教育産業であり、それは第二の学校と呼ばれるまでの地歩を築いている。そして、この教育の商品化の端緒は戦前にまでさかのぼることができる。

しかし、二〇〇〇年代において「教育の商品化」が問題となったのは、「公教育の商品化」あるいは、「学校教育の商品化」であった。この場合の「商品化」とは、モノとヒトが教育商品として売りに出されるという狭義の意味から、公教育への「市場原理」の導入という広義の意味までにまたがっている。

そして、それは、一九八〇年代以降の日本社会において支配的なイデオロギーとなっている新自由主義の潮流の一部をなしている。

世界的な動向として振り返るならば、新自由主義が表舞台に登場したのは一九七〇年代であった。この時期には、欧米において経済・社会政策としてそれが採用され、中南米の諸国では経済改革の実験としてそれが試みられた(1)。

日本の教育においても、一九八〇年代は臨時教育審議会が「個性重視」のスローガンの下で、新自由主義的な政策に舵をきった。教育の分野は他の分野に比べて変化の速度が遅いこともあり、一九九〇年代は新旧の政策が混在していた。それが、二〇〇〇年代に入ってから変化が加速され、二〇一〇年代以降も教育改革の主流であり続けている。

新自由主義の導入は、経済学の流れで見れば、新古典派の復活を意味していた。それは、人間主体の経済合理性とそれに基づく一般的な均衡を前提とする理論である。しかし、一九八〇年代後半は、日本がその典型であったように、バブルが襲い、均衡という前提に疑問が生じた。バブルは、人々が模倣し合い、過剰な同調行動に走ることでもたらされるものである。日本では、その共同体主義の伝統によって、それがいっそう助長された。

教育の面では、塾通いもそういう一面がある。それは、他の人が行くから私も行くという動機が多いということがよく指摘される。日本における塾という教育商品は、自由主義と共同体主義が結合したところに生み出された商品である。

このような日本社会の文化的特性において、新自由主義は日本の共同体主義を克服するために、あえて個人責任を強調する論としても機能した。新自由主義が三〇年もの間支配的なイデオロギーとしてそれだけの力を持ち続けてきたとき、われわれはそれを批判することに目が奪われがちである。また、現実に、そのイデオロギーの帰結として「格差」が拡大している。

本章では、教育を商品としてとらえるという発想を、短期的に新自由主義とイコールのものと考えるのではなく、それをもっと広い社会的文脈においてとらえ直すことを試みる。なぜなら、それは、資本主義社会における教育の宿命のような性質のものだからである。このテーマは単に新自由主義のイデオロギーへの批判としてだけではなく、教育と経済、教育の公共性といった基本的関係・テーマとも関わらせて論じなければならない。

本章では、教育の「商品化」を「市場原理」と関連づけるだけでなく、それに「贈与化」という観点を対置させることによって、新たな教育の方向づけをはかる。

2 「財」としての教育

教育が商品として存在するには、それがまず「財」として存在することが前提となる。その最初の区別として、「公共財」(公的財)と「私的財」という区別がある。

「公」と「私」の関係は、近代市民社会において普遍的な課題である。あるいは、近代市民社会はこの関係をいろんな形で展開することによって自己運動を続けている。「公／私」関係は理念的に論じられ続けているが、理念的にどちらを優先すべきかの最終的な解決は期待できない。

たとえば、近代公教育についていうならば、それは、歴史的に私教育に起源があるから「私事性」が原則だと主張することもできるが、他方では、その原則とは反対に、国家が公教育を支給する形で開始される国も多いのである。したがって、その国の公私のあり方は、その国の歴史的条件の反映でもある。

今日の日本社会では、「公共性」に期待される水準は、かつてのような最低限の基準を満たせばよいというものではない。たとえば、水道水の供給にしても、健康を損なわないというレベルでは満足できない。医療においても然り。教育もまたそうである。今日では数十年前の義務教育卒者に求められた教育水準よりもはるかに高度な知識を獲得することが求められている。

しかし、現実の日本の公教育は、教育予算の支出比率が先進国では最低レベルに転落していることが示すように、期待される水準を下回るようになってきており、期待と現実の落差は拡大し続けている。このような状況において、比較的裕福な階層が私費を投じてわが子によりよい教育を与えることが当然視される状況がある。私的財として教育が過度に追求されている状況から、教育を公共財として充実すべき方向が見える。

教育を公共財として支出することに消極的になるのは、単に財政的な問題だけでなく、その社会において教育の成果をどのように用いるかについての考えが違うことも関係するだろう。たとえば、医者の養成には、私立と国公立の医学部によって入学金・授業料の違いはあるが、どちらにも多額の国庫交付金・補助金が支出されている。そして、その社会において医者に私的利益の追求に走ることが許容されているならば、公共財として供給した膨大な税金の多くは無駄になるだろう。

これは、教育財を地位財として見ることと関わってくる。地位財としての教育と私的財としての教育は区別すべきであろう。前者は、いわゆる肩書き・ステータスを表示するものである。それは明らかに公共財としての教育とは逆のものである。これに対して、私的財としての教育は、それを所有する個人の「個性」を表示するものである。それは、その個人の特性を発揮することによって獲得されるものであり、単にその個人にとっての利益になるだけではなく、公共の利益にもなりうるものである。

たとえば、科学者がそのすばらしい発見によって特許をとり、収入を得たとしても、その恩恵は社会により多く還元されるはずである。これは、スポーツ、芸術の領域においてもそうである。また、そういった陽の当たる分野だけでなく、平凡な仕事に従事する者にとっても、彼らが獲得した教育は自分の利益を追求するためだけではなく、広く社会のために働くために獲得されたものである。

このような意味において、「公／私」という面から見るとき、教育は、公共財と私的財の二面性を持つことは避けられない。たとえそれが私的財として供給・購入されたとしても、個々人のその所得の水準が高まることは、社会全体の公共的水準を向上させる可能性がある。問題とすべきは、その可能性が実現されずに、単に地位財として用いられることだろう。あるいは、個々人のレベルにおいても、自分が獲得した教育財を私的利益のためだけに用いるのか、それとも社会に還元するのかということが問われる。

3　贈与としての教育

一般に何らかの「財」が社会において流通する際には、二つの移転形式がある。すなわち、交換と贈与という形式である。

教育が「商品」として扱われるのは、商品交換が主たる流通様式である資本制社会において、他の財と同様、（特に貨幣と）等価交換がなされるという発想においてである。

だが、教育という「財」は、贈与という形をとって伝えられるのが本来的なあり方である。すなわち、教育は、先行世代から後行世代への文化伝達の作用であり、そこには「交換」という概念は介在しない。そもそも、親が子どもを育むことにおいて、それによって何かを見返りに得るという発想はなじまない。人間社会において子どもを育てるという営みは、商品交換が始まる以前の基本的営みである。そこでは、教育財が大人同士で交換された場合であっても、親（大人）から子どもに向けては、その財は交換されるのではなく、贈与されるのである。

財としての教育の贈与は、いくつかの側面からとらえることができる。まずそれは、世代間の贈与としてとらえることができる。最も多いのは、親から直接に子どもに贈与されるという形をとるが、広く先行世代から後行世代への贈与としてもとらえることができる。教育財が奨学金などの形をとるときは、階層間の贈与という面もある。だが、これらの贈与の形態を単にその現象レベルでとらえるならば、教育財の再配分の本質を見失うことになる。それは、経済領域から精神領域への財の移転としてもとらえるべきである（Steiner 1904/1905=1998）。

ここで疑問となるのは、教育「財」が投資あるいはローンの対象とされる場合である。教育が「投資」としてとらえられる「人的投資」論がある。そこでは、教育に公的資金を投下するのは、国の経済成長に寄与するためと解釈される。あるいは、親が子どもに教育費支出を行うのは、階層移動によって親よりも高い収入を得るためであると解釈される。

また、この拡大バージョンとして「文化的再生産」論もある。そこでは、たとえば、親が子どもに芸術鑑賞の機会を多く与えたとき、子どもの到達学歴・職業が高まったというデータが示される。このとき、親が支出した芸術鑑賞費用は、子どもへの投資としてとらえることも可能ではある。

これらの例は、教育活動が必ず何らかの経済的支出を伴うために生じることである。すなわち、システム論の見方をとるならば、ある社会的行為あるいはコミュニケーションを、教育システムから見るか、それとも経済システムなどの他の機能システムから見るかという観察視点の違いによる。

宗教団体に所属していて、その活動に参加するのに一定の費用がかかるとき、その行為は宗教システムに属していると同時に経済システムとも関わっている。企業が社員に対して行う研修は、教育的活動であると同時に、経済的な行為でもある。あるいは、芸術家による演奏活動であっても、それが学校で行われる場合は教育活動であるが、興業としてなされる場合は経済的活動となる。

教育の場合には、自分の子どもにどれだけ支出しようとも、また、一定の時間の経過に伴ってそこからどれだけの収益が回収されたとしても、教育それ自体を経済的行為としてとらえることはできない(2)。ルーマンのシステム論では、これらの活動（コミュニケーション）は、準拠するメディアによってその帰属が定まる。すなわち、塾講師の労働の場合、それが彼の経済的必要に迫られたものであっても、生徒の成長をコミュニケーション・テーマとするならば、教育システムに帰属される。また、塾講師の教育的コミュニケーションに金銭的な優劣の評価がなされるときは、それは同時に経済システムにも帰属させることができる。

このようにとらえるならば、教育が商品として売りに出されることそれ自体は、教育の本質に関わることではないことがわかる。文化的活動においては、それに支払われる金銭的対価とそれによって得られる満足・成果が比例する保証はどこにもない。

ここまで本節で述べてきたことをまとめるとつぎのようになる。

- 教育は財としてとらえるとき、交換財と贈与財の形式をとる。
- 教育は活動・コミュニケーションとしてとらえるとき、教育システムに帰属されたり、経済システムに帰属されたりする。
- 商品交換社会では、教育活動・コミュニケーションの帰属先が経済システムとなる場合、教育も商品交換の対象となる。その場合、本来は贈与財であるはずの教育は貨幣と交換される。しかし、それによって、子どもを発達・成長させるという教育の本質が損なわれるとは限らない。

4　教育の擬似的商品化

教育が公共財であるとき、それが最低限のものを等しく市民に供給するという意味で解釈されるならば、その供給は最低限の需要に応えるだけでよい。この場合には、戦後まもない時期の米の配給のように、機械的な割り当てで済ませることができる。あるいは、効率性の観点から「公共財」を一律的な供給としてとらえることは過去の話とすべきであろう。そのような連想で「公共財」としての教育をイメージするならば、きわめて貧弱な教育しか得られないだろう。それは、高度に発達した資本主義社会・市民社会における「公共」性にそぐわない。

かつては、公的セクターが供給する教育は、「基本的必要」（basic needs）を満たすものであり、画一的なものでよかった。ところが、今日ではニーズが高度化し、多様な個別的ニーズに応えることが求められている。そのために、公的セクターの教育であっても、選択による満足を充足する必要がある。ここで、「選択」が個人の「福祉」を実現するうえで重要な契機となるのは、たとえその量が少なくとも、「選択」する余地があることが自身にとっての尊厳を確保できると考えられるからである（White 2002）。

このとき、学校選択制も教育供給を「擬似市場」的に行うものとして解することができる。たとえば、それはオランダでは戦前から、ベルギーでは一九五〇年代半ばから導入されていた。この古いタイプの擬似市場主義は、キリスト教会が国家の教育統制に対抗するために、親の学校選択権を主張したためであった。だが、似たような内容の学校間の選択は教育価値の次元での選択ではなく、一時的な評判での選択にとどまるだろう。欧米においては、その後の世俗化の中で、オランダやベルギーにおいても学校選択制は学校の教育内容や教師の質において判断されるようになってきている（Vandenberghe 1999）。

今日では、教育の公的供給には高い水準が求められている。そして、その社会的要求に応じるために、その供給は弾力的かつ柔軟なものとなる必要がある。それが市場に擬せられるのも、社会全体が硬直した官僚制から柔軟な市場的組織あるいはネットワークへと移行しているからである。実際に、さまざまな教材が教育商品として市場に出回っている。また、社会がコスト計算を重視するとき、学校も効率的な経営が求められるだろう。そこにおいてより多く求められる人材は、組織をより柔軟に操ることができるリーダー、専門職である。校長には経営者的な管理能力が求められ、教師には学級経営能力が求められるだろう。

こういった意味において、教育の公的供給が市場的になされることは正当化可能である。だが、日本社会は同時に高度な資本主義社会であり、公的教育の市場的な供給は、容易に商業主義的・消費主義的なものとなりうる。良質の教育サービスの柔軟な供給という発想に基づかなければ、ここであげた例はどれも、近視眼的な教育供給になってしまうだろう。

したがって、日本において教育財を市場的に供給することが認められるには、以下の1～4に示すような条件が付くことになる。

うに述べたような教育の商業主義化の危険は、日本においては、都市部における私学セクターの比重が高いこと、また、公教育サービスの不足を教育産業が代替している割合が高いことのゆえに、いっそう大きい。

1 「市場」では物の豊かさが求められる

したがって、日本においては、市場的供給は、a公立学校と私立学校との競合関係、b学校と塾の競合関係といった特殊な関係において問題をはらむことになる。

周知のように、aとbの二つの問題は近年になって出現したものではない。日本の教育を特徴づけるものとして、この数十年にわたって形成されてきているものである。いいかえるならば、日本の教育はすでに長らく市場主義的に営まれてきているのである。ただし、日本においては、教育市場は、市民が生活の豊かさを実感するために商品の交換を通じて出会い、「交歓する場」としてではなく、教育の公的供給の不足を補うという意味で、「闇市場」的な性格を帯びてきていた。また、貧弱な教育予算でまかなわれる公立学校は、品揃えが少なく、並べられている品も質の見劣りがする「公設市場」のようなものである。もちろん、公立学校でも素晴らしい実践が行われている場合もあるが、家計を削ってでも、子どもにとって少しでも良い教育商品を購入しているのが現状である。

周知のように、日本の公教育費予算は先進国世界で最低レベルまで落ち込んでいる。これを世界平均並みにするだけでも、日本の教育は劇的に変わるだろう。そして、そのとき、潤沢にある教育予算の効率的な使用のためであれば、市場原理の導入も容認されるだろう。

教育部門に擬似市場を導入する新たな要因は、市場の効率性そのものによるよりも、政府の官僚的統制の非効率性が高まってきたことによるものである（Vandenberghe 1999：276）。

しかし、擬似市場主義は、アメリカなどの例を見る限り、必ずしも成功しているとはいえない。なぜなら、アメリカでは、市民は学校を選択するというよりも、それ以前に、優秀な学校が立地する場所と所得水準とが比例しているからである。SAT（大学進学適性試験）の学校平均点が地価を決めているのである。こういった意味で、学校の選択は実際には「バーチャル」なものにとどまっている（Vandenberghe 1999：277）。あるいは、ニュージーランドの例をとってみても、学校選択制によって、一見学校の改善がなされたように見えても、それは社会階層の上層者が集中することによるものであって、学校自体が改善されたわけではないというデータもある（Vandenberghe 1999：278）。

アメリカでは約八〇〇社が「教育産業協会」（Education Industry Association）に参加している。しかし、教育産業のこういった隆盛は必ずしも保護者のニーズの高まりによるものではなく、政府のNCLB政策（No Child Left Behind いわゆる「落ちこぼれ」防止政策）による誘導によるものとされる。すなわち、一九六五年に約二五〇億ドルであった政府機関の教育プログラムへの支出は、二〇〇二年には一〇八〇億ドルにまで増えている〔そのうちNCLB関係予算は二〇〇五年度で一二四億ドルである（Snell 2005）〕。

二〇〇三年度において、二八の州で四六三校の公立学校が五一社の企業に経営を委託されて運営されている。そのうち八〇％はチャーター・スクール（公設民営学校）である（Snell 2005：272）。チャータースクールはバウチャー制に比べて、市場メカニズムに従う性格は弱いが、地域により密着する形で拡大を続けている（二〇一三年度には、全公立校の六・六％、約六五〇〇校が開校されている。National Center for Education Statistics)。

2 「市場」は自発的な参加によって成り立つ

教育が商品になるということは、教育がまず「財」として存在していることが前提となる。つまり、その使用において何らかの効用を生み出す物として存在しているということである。

行政が教育を（擬似的な）商品とすることができるのは、行政が学校などの教育に関する社会的基盤や執行可能な教育予算として、教育財を所有しているからである。しかし、この場合でも、すでに確認したように、教育は「公共財」として存在しているということから出発しなければならない(3)。

今日の争点となっているのは、行政がこれらの教育財の配分を「市場」原理によって行おうとしていることである。ここでは、支出の形式が問題なのではなく、学校と保護者との関係が、売り手・消費者の関係に擬せられる点が問題である。

この擬似市場的関係がめざすことは、要するに、教育の成果があがることである。したがって、その成果をあげることが達成されるならば、別の方法をとってもかまわないことになる。

北欧においては、教育改革の重点は、保護者の学校参加にあり、それが学力の向上をもたらしている。このような試みを抜きにして、一挙に市場的関係に入ることは教育行政のステップとしては飛躍がある。

あるいは、学校現場に責任を転嫁するという意味では、行政の怠慢といってもよいだろう。いいかえるならば、そのような学校・保護者関係を導入しないことは、上からの行政的統制によって教育成果をあげようとする姿勢を示している。あるいは、学校現場と保護者への不信がある。

「市場」はそもそも自生的なものである。したがって、それは初めから全国規模で、行政主導で存在することはありえない。どこかの地域で市民の手で導入されたものが、評判を呼んでしだいに広がっていくことが市場的な運動のあり方である。一時期盛り上がった学校選択制にせよ、バウチャー制にせよ、そういう実験的試みがしだいに定着していくプロセスを想定するならば、肯定的にとらえることができるだろう。その反面、それらが市民の期待に応えることができないならば市場から消えるのが、商品の宿命である。

新古典派（自由主義）は、「経済活動を営む人が、自分の情報処理能力のみを頼りに将来起こりうることすべての事象を予測し、意志決定を行なうものと見なしている」（松原 二〇〇二）。ところが、教育の分野はそのような予測が難しい。教師・生徒関係や友人関係は実際にどのようになるかはわからない。にもかかわらず、学校は情報として、その学校の実践のすばらしさをＰＲする。保護者と子どもはそれに惑わされないように、評判を尋ねまわって情報として入手して判断を下す。そうやって入学した後で、実態が宣伝や評判と異なった場合は、苦情を申し立てる。学校はそれが自校の評判を落とすことを恐れて、改善に努める。こういったいわゆるＰＤＣＡサイクルにおいて、教育の質が維持・向上されることには一理ある。

3　学力と貨幣における所有と人格の区別

教育の商品化を批判する立場から、学力を市場における擬似的貨幣と見なす論の立て方がある。そこでは、貨幣と学力が、市場化された経済と教育において、財の流通と関わって同等の役割を果たすと見なされる。そして、貨幣と学力はともに、人々を対立させ、人間的本質や共同的関係からの疎外をもたらすと見られる。

だが、本章は、貨幣と学力の価値を、ともにその表示機能において、人々が関係するメディアとなりうることに見出す。ジンメル（Simmel, G.）は、貨幣を「関係の結晶化」と呼んでいる。それは、人間関係を時間的・空間的に限定されたものから解放する力をはらんでいる（今村 一九九四）。

学力も、「労働力」を表示する機能において、可能性をはらむ労働市場において人材が移動する手段となる。すなわち、数学の学力と国語の学力の相対的比較において、その人物がどのような労働＝社会的関係に適しているかを総合的に判断できる。それは、豊かな労働市場において、人々を関係づけるメディアとなりうるものである。

たしかに、貨幣が地位を誇示するために使用されるのと同様に、学力も、序列づけのために測られる場合がある。しかし、財の所有がそのままその人物の人格と結びつくことはない。つまり、貨幣を多く所有すると愛情が薄れる、あるいは愛情が多いほど貨幣を所有できないという関係ではない。同様に、学力もそれを所有する人物の人格とは区別される。教育をサービスとしてとらえるとき、それは愛情に支えられていることが期待される。塾の講師の人格（熱意や教育愛）に魅かれて、多くの子どもが集まり、その塾が繁盛することはよくある。逆に、教育が公共サービスとして提供される場合に、それが愛情に支えられていないならば、それはビジネスライクなものとなるだろう。

4　市場には秩序が求められる

ここまでの考察において、教育を市場的にとらえることには肯定すべき面があることを見てきた。社会が自由な市民社会である限り、市場はその基礎的な制度だからである。しかし、社会は単一の論理で成り立つものではない。市場も、それは市民社会を豊かにするために存在するのであって、社会が市場のためにあるのではない。すなわち、市場は非市場的な要素で成り立っているということも視野に入れなければならない。デュルケームは契約の非契約的要素ということを指摘した。つまり、社会は契約関係からなるが、それは契約を守るという共有された規範に支えられているというのである。これと同じように、社会は市場的関係から成るが、それはその市場を支える基盤を再生産しなければならない。それは市場そのものによってではなく、非市場的なものによって可能となる。

センは、飢餓の発生は、食糧の絶対的不足によるものではなく、食糧価格の急激な上昇に伴うエンタイトルメント（個人の自由になる選択可能な財・サービスの集合）の喪失によることを明らかにした（Sen 1981=2000）これと同じことが、商品としての教育にも当てはまる。

教育機会が商品として多様化し豊富に並べられたとしても、それが教育の豊かさとして享受されるとは限らない。逆に、稀少性の感覚が芽生えたときに、それは一部の教育商品の高騰を招き、教育の飢餓を生むのではないだろうか？

センの本の中に、極端な市場主義が引き起こした悲劇が示されている。それは、エチオピアのハイレ・セラシエ皇帝の市場政策のことである。

一九七三年のエチオピアの飢餓の最中、ハイレ・セラシエ皇帝によって述べられた社会的選択についての有名な言葉、すなわち彼の政府が飢餓救済策を何も取らなかったことについて、「富はつらい労働によって獲得されるべきものであり、働かない者が飢えるのだということを、我々政府は諭し続けてきた」と説明したことを例に考えてみよう。これはもちろん、古くからある理に適った原理であり、それは、しばしばはっきりと表現され、拡大解釈されて、聖典のごとく支持されてきた。この原理は、セラシエのエチオピアで実行され、一九七三年に飢餓が一番ひどくなった時にも、国家による救済策はほとんどなかった（Sen 1992=1999：120）。

皇帝の右の言葉は、教育の市場主義的運用に当てはめて、つぎのようにも置き換えることができる。すなわち、「学力・学歴はつらい努力によって獲得されるべきものであり、努力しない者が社会に出てから飢えるのだ」と。教育を市場の論理だけで考えるならば、それを得ることができない層は自業自得だということになる。しかし、そのことによって教育の飢餓状態はいっそう悪化することになり、社会それ自体の存続が危うくなる。市場は、それだけの運動に委ねるならば、自己破壊を起こすメカニズムが組み込まれているのである。

各人が自己の利益を最大化しようとして行動するとき、市場が秩序だって機能するのには何らかの統制が必要である。このとき、新自由主義の下での教育行政の役割を、中立な立場から、商品の売り手を選別し、ランク付けし、その情報を買い手に伝えるとする「評価国家」論が成立する。たしかに、何らかのルールと基準なしには、市場は混乱する。だが、教育の場合には、すでに述べたように、教師と子ども、学校と保護者の間の信頼関係があることが前提となる。それを醸成するという姿勢が教育行政の基本条件である。

5　グローバル化した社会における「公共財」としての教育

教育の商品性に関するここまでの検討は一国内部に限定されたものであった。グローバル化した競争的な国際社会においては、各国の教育水準（学力水準）はその国の競争力を示すものであり、国内のレベルで教育が公共財としてとらえられたとしても、それは国家間の地位を表示する財（地位財）に転化するという問題がある。ここにおいてわれわれは、自国が追求する教育水準の向上を、自国内部だけで役立てるのか、それとも国際的な地球規模での公共財として役立てるのかという選択に迫られる。

このとき、佐々木賢（二〇〇六）は、われわれにとって外部にある児童労働と内部にある市場主義がつながっていることを抉り出そうとしている（ただ、彼はその事実を列挙するのに留まり、それがどのようなメカニズムでつながっているのかまでは論じていない）。先進国における教育の商品化と、開発途上国における搾取的な児童労働とは、どのような連関があるのだろうか。この問いは、宮寺晃夫（二〇〇六）が提起する教育財の社会的配分という重要な問題とも関わっている。

この問題に対して、本章が採用しているシステム論は有効な視点を与えると思われる。すなわち、それは、商品がコミュニケーション・レベルで複数の機能システムにまたがって存在していることを説明する。

システム論によれば、教育の商品化には、教育が経済システムに組み込まれる側面と、それが教育的コミュニケーションとしては独自に存在しうる側面が備わっている。教育の商品化は、教育本来のコミュニケーションを歪める側面を持っているが、同時にそれは個人のレベルで経済システムと教育システムへの包摂とそれからの排除の多様な組み合わせがあることを示している。逆説的になるが、教育の商品化は、それを購入できる場合には、経済システムと教育システムの両方に包摂されている状態を示している。同時にそれは、経済システムからの排除と教育システムからの排除が同時に起こる可能性を示唆している。

これに照らして見るならば、開発途上国における児童労働者が経済システムに強制的に組み込まれ、教育システムから排除されることも同様に説明できる。児童労働者は、幼少期からぎりぎりのレベルで経済システムに編入され、教育システムから排除されることで、成人後に経済システムから排除されることになる。同じように、日本国内において、教育の商品化からはじかれている層の場合は、格差拡大による貧困の中で、教育商品を購入できずに、経済システムからの排除と教育システムからの排除を同時に体現している。

先進国における貧困家庭の子どもと開発途上国における児童労働者は、二重の被排除状態に置かれることによって、彼らの将来に向けて負の財を背負わされている。

公共財として供給されるはずであった教育を商品化された私財として享受できる層・国は、彼らに対して国内的・国際的に教育を無償贈与することが必要なのではないだろうか。

第3章

いじめのシステム論（1）

――包摂と排除のネットワークの視点から

1　いじめ研究の視座

「いじめ」は社会問題として、これまでおよそ一〇年間隔の三つのピークを形成している。第一のピークは一九八六年、第二のピークは一九九四年であり、二〇〇五年以降から第三のピークが継続している時期としてとらえられる。

「いじめ」は、いつの時代、どの社会でもあるとよくいわれるが、日本においてこのようなピーク性を伴うのは、それが普遍的な人間行動としてではなく、独自な社会的現象として存在していることを示している。それがピーク性を持つことは、いじめが大人・教師の見えないところでなされ、正確な実数が把握できないだけに、いっそう社会的に構築されていることを示すものである(1)。

また、第一のピークから第三のピークの展開過程は、社会問題としてのいじめがそれ自体で観察されるべきコミュニケーション・システムであることを示している。すなわち、三つのピークはいずれもつぎのような経過をたどっている。そこには、《衝撃的な「事件」、鹿川裕史君の自殺（一九八六年）、大河内清輝君の自殺（一九九四年）、大津のいじめ自殺（二〇一一年）→マスコミの大がかりな報道→世論の関心の高まりと子どもたちの連鎖的自殺・事件→教育行政的指導の強化》という類似したプロセスを見てとれる。

他方で、三つのピークを経て、社会問題としてのいじめは自己言及な広がりを伴って進行している。それは、以下のような現象から見てとることができる。

まず、いじめは、第二のピークでは、いじめられている子の主観的申し立てによって認定されるものとなった。すなわち、それまでいじめの範疇に入らなかったような場合でも、いじめと見なされたり、あるいは本人がいじめと見なすケースが増えた。一例をあげるならば、一九九六年一月八日神戸で自殺した高一の女子生徒の場合、遺書には「暴力じゃなく、態度のいじめです」とあり、一緒にカラオケに行ったとき、その生徒が好きな曲を歌おうとしてなじられたということが書かれている（「朝日新聞」一九九六年一月一三日）。

また、子どもが「いじめ」をメディアとして逆用する新たな社会現象も生まれた。それは一九九五年一二月に横浜と三重であった小学生の自殺予告電話に始まり、一九九六年後半には自殺予告による試験妨害や行事妨害にまで展開した。

そして、第三のピークにかけては、「いじめ」の社会的な拡散化がいっそう進行した。それは、二〇〇六年以降発生件数が高止まりしていることに示されている(2)。また、それは、携帯やネットを使ったサイバー型いじめによっても示される。これらの現象は、「いじめ」の社会的定着化ともいうべきである。第三のピークでは、教育委員会や学校がいじめに起因する自殺を把握できていないことが指弾されることも特徴としてあげられる。これは、いじめが日常化するだけでなく、教育システム全体の問題となっていることを示すものである(3)。

これらの拡散現象を伴う社会問題としてのいじめが、いじめ事件の報道やいじめに関する論議のあり方と関わって生じていることは否定できない。しかし、いじめ研究の視点としては、問題の主たる原因をマス・メディアの影響に帰属させるのではなく、その社会的コミュニケーションの全体をいじめのコミュニケーションとして観察する姿勢が求められる。いじめの社会問題化から引き出すべきいじめ研究の課題は、いじめをいかにその社会的プロセスの全体像においてとらえるかということであろう。

このような課題設定の視点は、いじめをそれに関わる人物間の関係性においてとらえ、また、いじめ関係そのものとそれを取り巻く環境との関係に注目するという点でシステム論的な視点でもある。

システム論的アプローチによる本章は、いじめ研究に対してつぎのような新たな視角を提供しようとするものである。

(a) それは、いじめが単一の要因に還元されるのではなく、多様な要因の相互関係から成り立っているという前提から出発する。この意味において、システム論的ないじめ分析は、いじめをもたらす要因を探ってきたこれまでの主要ないじめ分析をその枠組に包摂するものである。

（b）それは、いじめを行為・関係としてとらえるだけでなく、基本的にコミュニケーション・システムとしてとらえる。

（c）それは、いじめを単なる教育病理としてとらえるのではなく、今日の「格差」社会の問題、とりわけ排除問題との共軛性を示す。

（d）それは、いじめを静態的な構造においてとらえるのではなく、排除と再包摂のネットワークとしてもとらえる。これによって、ネットワークは単なる記述概念としてではなく、教育方法概念としても位置づけられるだろう。

2　これまでのいじめ研究の整理

まず、（a）と関わっては、いじめに対する多様なアプローチは、一九九〇年代までに、つぎに示す四つのタイプにおいて、その基本的な布置構造を形成していた(4)。

(i) 制度論——制度としての学校の管理主義・競争主義的なあり方からいじめを説明する立場。竹内常一、森田洋司、前島康男らがこれに含まれる。

(ii)関係論――学校と社会の関係あるいは人間同士の関係の変化からいじめを説明するもの。現代社会が近代と脱近代(ポスト・モダン)の間の葛藤状況に置かれていることを指摘する小浜逸郎、別役実がこれに含まれる。

(iii)感情論――「妬み」(渡部昇一)、「恨み」(前島康男、阪井敏郎)、「自尊心」(芹沢俊介)、「無記名性の悪意」(別役実)など、いじめに付随する特有な感情を手掛かりにして説明する立場。

(iv)記号論――いじめられる子の「有徴性」という点からいじめを説明する立場。菅野盾樹、山口昌男らがこれに当てはまる。

二〇〇〇年代以降のいじめ研究の布置関係も基本的に同じであり、つぎの研究を付け加えることができる。

(i)制度論――制度としての学校のあり方(共同体主義:内藤朝雄、官僚主義:森口朗)からいじめを説明する立場。

(ii)関係論――私事化社会におけるソーシャルボンドの希薄化論(森田洋司)、スクールカースト論(森口朗、鈴木翔)。

(iii)感情論――いじめの心理として「全能感」を指摘する(内藤朝雄)。

(iv)記号論――何らかの「差異」を持つ子どもがターゲットとされるスケープゴート論(加野芳正)。

(i)～(iv)の論を相互に関連づけると図1のようにまとめることができよう。すなわち、構造／プロセスという区別と、内在的／外在的という区別の組み合わせから、いじめにアプローチする四つの立場を相互に関係づけることができる。これら四つの立場は、いじめの(i′)社会的次元、(ii′)相互作用的次元、(iii′)パーソナリティ的次元、(iv′)メディア的次元という区別に置き換えることもできる。それらは、各々の角度からいじめの現象的特徴の一面を析出してはいるが、いじめをその全体像において、とりわけそのシステム的動態性においてとらえるうえで不十分である。

　これらのいじめ研究の多様性は、各論者が自身のいじめへの関心から出発することによるものである。ここでは、いじめを観察する姿勢と同時に、観察者自身を観察する姿勢が求められる。これは、たとえば、二〇〇〇年代における代表的ないじめ論者である森田洋司と内藤朝雄が、つぎのような対照的な主張を展開していることからもわかる。

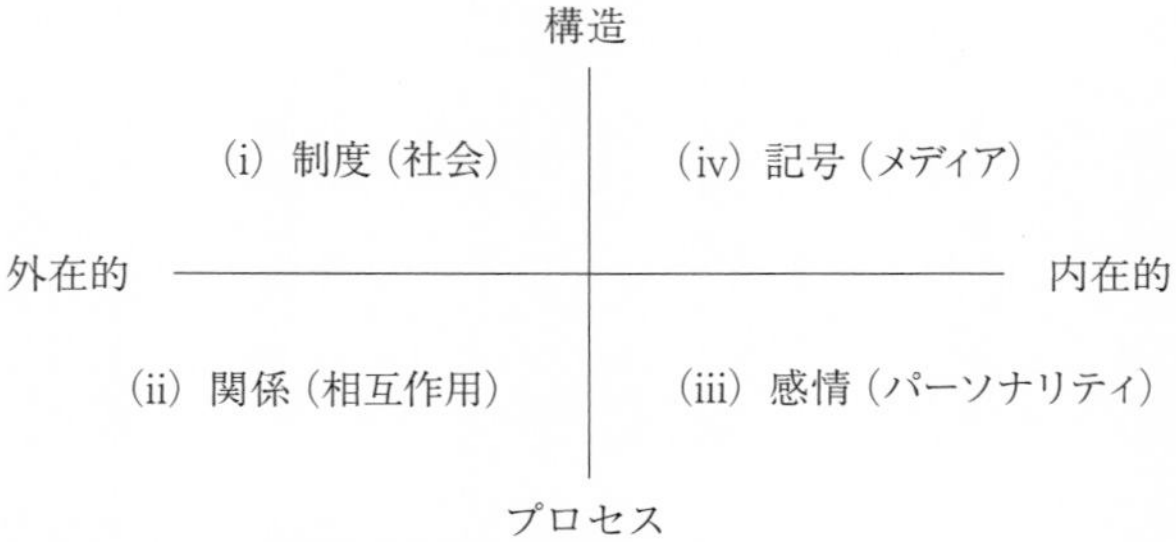

図1　いじめ研究の見取り図

　すなわち、森田（二〇一〇）は、私事化社会において学校が社会的紐帯を形成する働きが弱まったことにいじめの原因を求め、それへの対処として規範意識を形成することを主張する。これに対して、内藤（二〇〇九）は、学校が全制的装置として子どもを収容する制度となっていることにいじめの原因を見出し、学級という制度の解体を主張する。このような対照的な論が展開されるのは、両者がそれぞれコミュニタリアンとリバタリアン的な社会観を持っていることによると考えられる。この場合、いじめはその客観的なあり方においてではなく、論者の社会観を投影して解釈されることになる。

もっというならば、個々の研究者の観察についての反省がなされないとき、その観察対象に対してあらかじめ意味付与がなされることによって、いじめのリアリティを取り出すことができなくなる。これに対して、いじめをコミュニケーション・システムとしてとらえる本章は、いじめ当事者がそれにいかなる意味を付与しているかに着目するものである。

他方で、日本における右にあげた一連のいじめ研究が示しているのは、いじめの入り組んだ構造を把握しようとする多角的な研究姿勢である。これは、欧米において、シティズンシップ教育、ピア・サポートなどによって、いじめに対してすぐさま「対策」を講じて、克服する実践が考えられるのとは対照的である。これは、わが国において、いじめが学校や社会の体質に根ざしているという問題認識に基づくと考えられる。

自己言及的な運動を展開する「いじめ」は、(i′)～(iv′)のアプローチを相互に関連づける方法を必要としている。リゾーム状に絡み合った「いじめ」現象は、(i′)制度的問題(いじめの社会的システム次元)の(ii′)関係性問題(相互作用次元)や(iii′)感情問題(パーソナリティ・システム次元)への転化、また、その転化を可能にする(iv′)シンボル化(メディア次元)という変転において再構成されねばならないだろう。いじめを当事者の心理的作用においてとらえようとするときには、これらのアプローチを関連させて探ることが必要となる。すなわち、いじめをパーソナリティ・システムとその環境システムの相関性においてとらえ、また、パーソナリティ・システムが自己を維持する活動の中からいじめが発生し、そこで形成されたいじめシステム自体がまた自己運動を遂げていくという動態性の中でとらえる必要がある(5)。

3 いじめシステムの諸相

「いじめ」という語によって指示される内容は論者によって様々であり、文部科学省による定義も変遷している。いじめは、一過的な「悪意のある言葉や態度」から、数年にわたって陰湿に続くものまである。また、すでに述べたように、遊びと区別されないものや、喧嘩・仲違いと重なる場合もある。さらに、最近では恐喝や暴行を伴うケースも増えている。このように、いじめは範囲を広くとらえると際限なく拡大していく。しかし、逆に、いじめの範囲を狭くとるといじめの拡散現象が提起している問題が見失われる。そもそも、いじめを領域的に規定しようとすると、観察者の立場や主観が入り込むのは避けられない。したがって、いじめは、当事者の少なくとも一人が「いじめ」と感じることによって社会的に構成される現象と解されねばならない。こうしたとき、いじめを考察する際には、観察問題が関わることになる。

「いじめ」は、何らかのコミュニケーションあるいは行為によって「いじめ」という意味空間が形成される「社会的システム」(soziale Systeme) としてとらえねばならない。では、いじめコミュニケーションといじめ行為とはどういうものなのか、また、それらを要素とするいじめシステムはどういった社会的システムなのだろうか。

1　いじめの胚段階――システムの原基としてのネットワーク

システム論の立場から、本章では、いじめがシステムとして成立する以前のアモルフな状態をネットワークとしてとらえてみたい。

すなわち、どんなシステムでも、システムとして自己を閉鎖する前に、コミュニケーションのネットワークとして存在する段階がある。右にあげたような曖昧さを持ついじめはコミュニケーションの「ネットワーク」としてとらえることができる。それは、システムの原基としてのネットワークである。いじめは初めから明確な意図を持って始められるよりも、通常のコミュニケーションのなかで、後から「いじめ」という意味を付与されることがある。たとえば、つぎのような声がある。

同じ仲よしグループのなかで、だれかをハブったら、それはいじめですか？（『おそい・はやい・ひくい・たかい』No.61：38, 2011）。

また、いわゆる「スクール・カースト」が形成される前の混沌とした段階での、微妙なコミュニケーション・システムがこれにあたる。

中3の女子です。新学期のクラス替えで、部活の子（＝A）と同じクラスになりました。AはKY（編集部注・空気が読めない）で協調性がなく、感情の起伏が激しいので、学年のほとんどの女子から嫌われていて、中1のときから孤立しています。私もAのことはちょっぴり苦手だけど、無視も意地悪もせず普通にしゃべるので、Aにとっては「私しかいない」状態で、今回同じクラスになったことをとても喜んでいます。でも、私はビミョーです。私が見捨てたら、Aが一人になるのは目に見えているので心が痛むのですが、Aといると、他の女子は離れていってしまいます（「朝日新聞」二〇一一年六月四日）。

また、所属する学級集団に限っても、いじめにおいて「いじめる」側と「いじめられる」側はたえず変化している（滝 二〇一三）。これは、いじめが本来的にシステムとして明確に存在するのではなく、たえず離合集散するネットワークとして存在していることを示すものである。

2 相互作用システムとしてのいじめ

右に見たアモルフなネットワーク関係が続く中で、いじめる側といじめられる側の間の相互作用が析出してくる。

ここでいう相互作用とは、成員間の断片的に起こるやりとりのことである。いじめがいやみや意地悪として経験される場合がこれにあてはまる。この場合、いじめは単なる相互作用として経験され、日常の社会生活の中で起こりうるエピソードとして処理することができる。それについては、教育論的に、その辛さを乗り越えながら、自己主張する力をつける機会にもなるという指摘もよくなされる。

いじめは第三者から見るとささいな差異を見つけ、それをからかいや嘲笑の対象にしていることが多い。また、いじめられる子は、いじめる子より劣った者であったり、逆に優れている者であったりする。さらに、今までいじめていた子がある日突然いじめられる側になったりするという立場の逆転もよく見られる。このことから、いじめはいじめ行為それ自体に一定の意味が含まれているのではないことがわかる。だが、このことをもって、いじめを、意味貧困な行為であるということはできない。むしろ、意味のないところに意味を付与し、差異を作り出そうとしているとさえいえる。いじめはいわば差異の戯れとしてなされている。

実際、いじめは、それを行う子どもたちの主観においては、一種の「ゲーム」として意識されることが多い。それは楽しみであり、ストレス解消の手段でもある。また、いじめは自分の存在確認ができ、仲間との共通の話題をも提供してくれるものである。だが、子どもたちが普通のゲームではなく、いじめという特殊なゲームに入り込むのは、普通のゲームとは異なる意味をそこに見出すことができるからである。

この次元でのいじめは、まだネットワーク性を残していて「アモルフ」な流動的な関係の中で、たえず生じ、またたえず消え去っていくものである。その意味で、相互作用システムのレベルでのいじめは、固定性・持続性においてまだ明確なシステムではない。

しかし、いじめを相互作用としてだけとらえる（観察する）ならば、そこにはつぎのような観察限界が発生する。すなわち、あるいじめ行為が起こった場合、それに接続する行為は、反撃・逃避・無視といった行為次元でしかとらえられなくなる。いじめを行為としてのみとらえるならば、見えない所でなされるいじめの場合や、いじめる子ども・いじめられる子どもの関係が見えない場合は、観察限界を持つ。このとき、観察者は想定される行為に対して、自分の感情を移入させることになる。しかし、このことが示すように、いじめは、それが語られるときには、その当事者だけでなく、観察者を含めて、それへの何らかの意味付与によって構成されるコミュニケーション・システムを形成している。

3　コミュニケーション・システムとしてのいじめ

コミュニケーションとしてのいじめは、いくつかのタイプに分類することができる。ルーマンによれば、コミュニケーションは、情報、伝達、理解の三要素から成り、この三つの選択が総合された出来事である（SS：221）。そして、その総合は、(i)情報と伝達の差異の観察、(ii)伝達された情報の理解、という二段階を経て実現される。

コミュニケーションのこの二つの段階の区別をいじめにあてはめてみよう。「情報と伝達の区別」という第一段階では、いじめは、「いじめ」というコード化がなされる場合とそうでない場合に分けることができる。前者の場合においては、いじめる側から伝達される情報がはっきりと「いじめ」として発信される。これは、情報と伝達の両方においてメッセージが「いじめ」として知覚可能であり、どの社会においても存在する普通のいじめである。ところが、後者の、コード化されない場合には、情報と伝達の両方において不明確さを伴ってメッセージが発せられる。たとえば、「あの子は動作が鈍いから、注意してやっている」という場合、いじめられる側にとっては、そのメッセージが「いじめ」という情報を含んでいるのかどうかがわからない。また、自転車を壊すといったいじめの場合、そもそも、それが自分に向けられたいじめなのか、それとも不特定な者に向けられた単なるいたずらなのか、伝達の面で曖昧なコミュニケーションである。このタイプのいじめコミュニケーションは、いじめる側で「いじめ」というコード化がなされていないため、いじめられる側で情報と伝達の区別がつかない。それは、いじめる側においては誤認されることをめざすコミュニケーションであり、いじめられる側においてはコミュニケーションへの信頼が失われるコミュニケーションである。今日問題とされ広がりを見せているいじめの多くはこの後者のタイプに属する。

つぎに、コミュニケーションの第二段階である「理解」についてはどうであろうか。

コミュニケーションは情報が伝達されたかどうかの確認を必要とする。その確認をめぐって、ここではつぎの三つの場合が区別される。

（a）いじめる側のメッセージをいじめられる側がはっきりと理解する場合

このメッセージは、第一段階で見たように、コード化されている場合もあれば、コード化されていない場合もある。前掲の例の自転車を壊す場合のように、いじめる側がコード化しないで発信したメッセージでも、いじめられる側でそれをいじめと理解できる場合がある。

（b）いじめる側のいじめメッセージをいじめられる側がはっきりと理解しない場合

このメッセージもコード化されている場合とそうでない場合がある。いじめる側が「これはいじめだ」と宣言しても、「遊び」と受け取られることがある。逆に、いじめる側が「プロレスごっこ」という名でいじめをしても、いじめられる側がそれを本当の遊びと受け取るケースもある。

（c）誤解される場合

すでに述べたように、理解は誤解の可能性を含んでいる。たとえば、口論の際、強い口調でなじったことがいじめと受け取られる場合がある。また、冗談のつもりで気軽にいったことが、深刻ないじめとして受け取られる場合もある。この場合は、いじめ関係が形成されているかどうか境界をはっきり引くことは難しい。だが、システムとしてのいじめは後に見るように、継続性を伴うものであり、いじめる側がそれを意識していなくても、あるいはいじめられる側の一方的な思い込みであっても、「いじめ」という意味が付与されたコミュニケーションが持続している限り、そこにはいじめシステムが存在していることになる。

いじめコミュニケーションはいじめ行為と重なっていることが多い。しかし、この両者は区別する必要がある。なぜなら、いじめコミュニケーションにおいては、その行為が帰属される人物が判然としない場合があるからである。たとえば、消しゴムなどの持ち物が隠され、誰がそれをしたのかわからないという場合がある。また、ノートへの落書きやネットでの中傷もそうである。これらは、いじめのメッセージが隠されているというコミュニケーションのレベルでのいじめの潜在化と区別されて、行為のレベルにおける匿名化という特徴を持つ。

匿名的行為としてなされるいじめにおいては、通常の社会的システムにおけるような「二重の不確定性 doppelte Kontingenz」（SS：164-184）の原則が通用しない。「二重の不確定性」は、「期待はずれ」を学習するか規範化するかどちらかによって、期待の再調整という形で処理される。ところが、匿名性のいじめは、期待する相手そのものが不在であり、期待の再調整を許さない行為である。それは、社会的システムに参入することそのものへの不安や恐怖を体験させるものである。この場合のいじめはいじめる側の「確実さ」といじめられる側の「不確実さ」という非対称的な関係性において成立している。そこで形成される社会的関係は、いじめる側においては期待はずれを学習しないという意思と、いじめられる側においては期待はずれを通じての学習ができない状況をもたらすという点で特殊な社会的関係である。

4　組織システムとしてのいじめ

いじめがいじめられる側の意思に反して繰り返されるとき、それは単なる相互作用のレベルではとらえられなくなる。それは組織のレベルに進化したことになる。「相互作用がとだえることに対しては、なすがままにさせておく必要がある」(SS：772) とルーマンが指摘するように、相互作用としてのいじめはいじめる側といじめられる側のどちらも行為のイニシアチブがまだ残されている。これに対して、いじめが組織される段階では、行為者の意思を超えた力が作用する。また、相互作用のレベルでは、いじめは、一般に二重の不確定性を持つけれども、組織化されたいじめでは、一方的な行為から成る社会的関係として存在することになる。

ここでつぎに、いじめとコンフリクト(いざこざ)との異同が問題となる。ルーマンは、コンフリクトの誘因を期待の相互違背に求めている。すなわち、「私が欲していることをきみがしないのなら、きみが欲していることを私はしない」(SS：710) ということに求めている。これは、一方の側だけでなくコミュニケーションする両方の側に生じる誘因である。この意味で、コンフリクトは、すでに述べた二重の不確定性の否定的形態である。コンフリクトという社会的システムに関与する者は、その対立関係の中で、自分をコントロールしたり、駆け引きすることによって、妥協点を見出していく。その結果として新たな社会的システムが作られていく。

組織システムとしてのいじめの特徴は、コンフリクトにおけるような対称性が認められないことにある。すなわち、いじめという社会的関係は「二重の不確定性」を基盤にしていない。したがって、それは、すでに述べたように、情報と伝達の区別が曖昧なコミュニケーションであったりする。また、行為レベルでも、しばしば匿名でなされる。

いじめが言い争いやけんかになることはありうるが、「仲間はずれ」や「シカト」（無視）に見られるように、多くの場合それはコンフリクトにならないように仕組まれている。それは、通常の社会的関係に見られる二重の不確定性が確実さ／不確実さの相補的関係に変えられたり、あるいは二重の不確定性それ自体が不確実にさせられているからである。

［組織システムとしてのいじめの事例］

組織的ないじめの事例として、大河内清輝君のいじめ自殺を検討してみよう。

一九九四年に自殺した大河内清輝君は、彼のクラスで「社長」と呼ばれる生徒を中心とするグループに属し、そのグループと行動をともにしながらいじめを受けていたといわれる。社長グループとは、「社長」「極悪軍団」「パシリ」「召使」といった階層性をなす集団である。社長グループに属さず、いじめに対していわゆる傍観者的な態度を取った一般の生徒たちは互いに平等な関係にある（毎日新聞社会部編 一九九五：六七〜七〇）。

ここで注意したいのは、「社長」グループという命名が象徴するように、生徒たちの集団形成において、階層性があるかないかが一つの大きな基準になっていることである。社長‐非社長という区別を用いていることは、その区別が彼らの主要な観察図式となっていることを示している。その図式は単に観察手段ではなく、同時に生徒各自が自己に適用するものでもある。すなわち、自分は社長グループに属するのか、非社長グループに属するのかの選択が同時になされる。

組織システムとしてのいじめは、押しつけられる序列的差異を子どもたち自身が自分たちの集団形成にも観察図式として自己適用することによって成立する。ここでは、いじめを組織システムとして形成させるのは、「序列」という差異図式である。「序列」は一人ひとりの子どもにとって環境に対して自分が準拠しなければならない図式である。それと同時に、それは子どもが自己準拠する（観察する）図式でもある。「序列」という図式は子どもにとって、他者準拠と自己準拠を同時に遂行するための図式である。

そして、この「序列」を形成する基準は、時代によって変化する。たとえば、清輝君の場合は、社長・部下という序列が形成されていたが、これは、当時のバブル経済の社会状況を反映している。また、一九九〇年代後半以降のいじめでは、この「序列」は「スクールカースト」という言葉でも表現されている。今日では、いじめ組織内の序列を決める基準は、コミュニケーション能力であり、これはグローバル経済へ移行した社会状況を反映している（岡田 二〇一二）。

5　ネットワークとしてのいじめ

いじめがシステムとして成立した段階であっても、つねにその原基性が残る。そればかりか、システムとしてのいじめは、より高次なネットワークとして展開して存在していることがある。

そのような発展するネットワークは、何らかの親システム（上位システム）から派生する。あるいは、その親システムにとって、その維持・存続のために必要なネットワークとして機能することがある。

ネットワーク社会と呼ばれる現代社会において、多様なネットワークが形成されている。いじめが社会的現象であるとき、それもまたネットワーク的性質を帯びるに違いない。右にあげたいじめの境界不明性は、ネットワーク社会のいじめの特徴でもある。

だが、ネットワークは、現代社会の機能システムにとって代わるものではない。ネットワークは機能システムを補完あるいは補強しているととらえることができる。たとえば、インターネット上で形成される子育てネットワークは、家族システムを補完している。それゆえ、いじめがネットワークとして学校という場で形成されるとき、それは学校システムを補完しているという仮説を設定できる。

ルーマンは、ネットワークの機能として、システムの包摂と排除を調整する機能を指摘している。また、その考えを基に、ボメ（Bommes 2011）は非合法的な移民ネットワークが労働力供給のシステムにとって不可欠なものとなっていることを見出している。

すなわち、どんなシステムであっても、その境界周辺部分においては、システムに属しているか、属していないのかがはっきりしないネットワークが形成される。

それらの周辺的ネットワークは、親システム（上位システム）との関係において多様な形をとるが、おおよそつぎのようなパターンがある。

（a）親システムの機能不全に伴い、その機能を代替する場合

（b）親システムが発展していくときに、周辺部分から資源を取り入れる場合

まったく完璧に機能を果たすシステムがありえない以上、（a）と（b）が重なることがある。たとえば、上の移民ネットワークにおいては、その非合法性は半ば公然と認められてもいる。「いじめ」のネットワークは、（a）に該当するであろう。すなわち、本来ならば、学校システム自体が包摂と排除の調整機能を遂行すべきであるにもかかわらず、それができない場合に、その周辺に非合法的な代替ネットワークとして「いじめ」ネットワークが形成されていると考えられる。逆に、いじめがネットワーク的に形成されているとしたら、それは学校システムあるいは学級システムにおいて排除と包摂の調整機能が働いていないことが推測される。

機能システム化が進むとき、それはすべての市民（子ども）を包摂する反面、排除するシステムとしても作動する。包摂と排除の調整機能を整備しなければ、機能システムはそのコードによって人々を機械的に包摂し、容易に排除することになる。

ここで、ルーマンのシステム論に戻るならば、彼は初期から後期にかけて教育システムにおける包摂と排除のとらえ方を変化させた。

初期ルーマンでは、教育システムの排除と包摂は「成績」メディアが持つパラドックスと見なされた。すなわち、教育システムはすべての子どもを包摂しつつ、成績によって排除するというパラドックスを内包しているとされる。

その見方は、後期には、教育関係と選抜の二律背反性にそのパラドックスを帰する形で修正がなされた。すなわち、教育システムは、子どもを個人として尊重しつつ、成績によって排除するシステムである。このパラドックスにおいて、教育システムが病理性を内在させたシステムであることも見出される（石戸二〇〇三）。

ところが、このシステム・ジレンマをめぐっては、ルーマンは晩期に著した『社会の社会』（GdG）、あるいは「包摂と排除」論文（IE）において、システムとネットワークとの関係にそのパラドックスの解消を求めたようにも解釈できる。

ルーマンのシステム論の前期・後期における包摂と排除のパラドックスのとらえ方では、教育システムはそのパラドックスを解消できず、宿命的な矛盾としてとらえられる。これに対して、彼が晩期に提示した解釈では、システムはその周辺に形成されるネットワークとの関係を調整することによって、その矛盾が解消可能とされたと見なすこともできる。

この三つの解釈は、いじめについてはつぎのようにとらえ直すことができる。

（a）いじめは、成績主義をとる学校において発生し、それに帰される——この場合は、学校の一元的な基準に対して子どもが抱く不満・ストレスがいじめの源泉となる。

（b）いじめは、学校に内在する成績原理と教育原理の関係によって引き起こされる——ここでは、いじめは成績評価だけでなく、人格評価のゆがみによっても引き起こされると推測される。また、その二つの評価原理が相互に補完されない場合に、いじめが発生すると見なされる。これには、子どもの歪んだ人格形成、たとえば、規範意識が定着していないことにいじめの発生因を見出す立場が含まれる。

（c）いじめは、学校システムの周辺における排除と包摂のネットワークの調整によって克服可能である――この場合、いじめの起源は、（a）でも（b）でもかまわない。また、いじめを根絶させるという発想も不要である。包摂と排除から学校が免れないとき、排除される子どもを再包摂するメカニズムを学校が備えていないことが問題となる。

4　まとめ――再包摂に向けたネットワーク形成の課題

これまでのことから、いじめへの対処の課題を示すことによって本章のまとめとしたい。

まず、本章の前半で示したように、いじめをパーソナリティ（原因）や学校制度（条件）、有徴な記号（メディア）に帰属させて論じることは、異なるシステム次元を接合する必要のために、学校や教師に対して、つぎのような過剰な役割負担を課すことになるだろう。すなわち、教師は、(1)いじめに走りやすい子どもの性格の歪みを正さないといけない、(2)「全制的」な学校の管理主義的体質を内部から批判しなければならない、(3)いじめの温床としての教室においてその芽がないか、たえずチェックしていなければならない。(4)そして、いったんいじめが発生したならば、教師は、それを防止できなかった、見抜けなかった、という批判にさらされることになる。また、その結果として、いじめ当事者が抱える家庭的背景、あるいは社会的課題が不問にされる。

これに対して、いじめをコミュニケーション・システムの病理として見るならば、排除され、いじめられる子どもを再包摂するネットワーク形成の課題が浮き彫りになる。

社会問題への対処の仕方として、事前的対処（予防）と事後的対処（「介入」「対策」）を区別することが多い。臨床的にはこの区別は重要であるが、再包摂という視点から見るならば、事前・事後という時間軸ではなく、空間的に再包摂のためのネットワークが存在しているかどうかが重要となる。

では、そのネットワークはどのようなものとなるだろうか？

まず、それは、排除された者にとっての「受け皿」、あるいは「セーフティネット」ではない。あるいは、単なる「居場所」でもない。なぜなら、そのような発想は、システムの排除機能を前提にするからである。

再包摂のネットワーク空間は、上位システム（学校）とは異なるコードでコミュニケーションがなされる独自な空間である。しかし、それは上位システムの主要なコード（成績や親密さ）を否定するものではなく、そのコードの組み替えがなされる空間となる。たとえば、成績コードによるいじめのコミュニケーションに巻き込まれた子どもには、成績コードのとらえ直しの場となる。あるいは、親密コードによるいじめコミュニケーションに疲れた子どもには、親密コードの見直しの機会を提供することになる。

これは、教育システムのコードを否定するのではなく、そのコードの運用の仕方を見直す柔軟性をシステム自体が備えるということでもある。システムのコードを子どもに押し付けるならば、子どもたちはそこから逃れるためにネットワークを形成することになるだろう。生徒指導の教育方法の次元と関わるいじめ指導においても、その子どもがからめとられているコミュニケーション・コードを切り替える方法を用意できるかが問われるだろう。

第4章

いじめのシステム論（2）

――日本社会の縮図としての「いじめ」

前章では、いじめをコミュニケーション・システムとしてとらえるというアプローチを提示した。このアプローチ方法によって、いじめの多層的現実を浮かび上がらせることを試みた。このときさらに、システム論は、いじめ現象を発生させる社会状況それ自体もコミュニケーション・システムとして取り出すことができる。本章では、その作業を通じて、いじめを日本社会の病理と関わらせて考察したい。

1　コミュニケーション・システムとしてのいじめ

二〇一一年に発生し、翌年に社会問題にもなった大津いじめ自殺事件の経過を見てもわかるように、いじめについての語りは、それぞれの立場に制約されている。そのとき、いじめについて語る主体は、学校・家庭・警察・メディアであり、また子ども自身もそうである。これらの主体は自分の見方（都合）で語り、何が「事実」なのかも判然としない。その意味で、いじめの「真実」は存在しない（子どもの語りが一番信頼できるかもしれない）。われわれができることは、それらの語りを組み合わせて、そのいじめについての自分の「現実」（リアリティ）を構成することだけであろう。

ここでいう「リアリティ」は「事実」とは違うものである。後者は誰にとっても同じだが、前者は人によって違って見える。つまり、主体（観察者）の見方によって違う現実が見えるということである。

筆者にとって、リアルな「いじめ」光景として思い出される場面がある。ある日の午後、公立図書館から帰る途中であった。その図書館から地下鉄の駅に行くには、公園を通って行く。その小径を降りていく途中で、四人組みの中学生とすれ違った。うち一人がおどおどして、私に不安なまなざしを向けてきた。不審に思って私がその生徒を見ると、彼は目をそむける。そして、他の三人は、そんな彼に目配せして、さっさと歩けと無言で命令している。

これから獲物をいたぶりに行こうとしているのは、三人の鋭い目つきから理解できた。その間わずか十数秒だっただろう。すべて無言のやりとりだったので、私は声をかけることができなかったし、そもそも何と声をかければよかったのだろう。

私にできることは、このワン・シーンを、単に「思い出」や間接経験として述懐するのではなく、リアリティとして再現することである。それは、自分が遭遇した場面を原光景として語って自分で納得すればよいというものではない。自分が語る主観的「現実」もまたコミュニケーション・システムの一つの要素だからである。本章での検討は、そういった巨大で込み入ったコミュニケーション・システムの一つの縮図を作成する作業である。

このとき、本章では、「いじめ」を文部科学省の定義に限定せずに、広義に扱うことになる。文部科学省の定義では「いじめ」とは、「当該児童生徒が、一定の人間関係のある者から、心理的、物理的な攻撃を受けたことにより、精神的な苦痛を感じているもの」となっている。ところが、いじめをコミュニケーション・システムとしてとらえるならば、つぎのような「広義のいじめ」も視野に入れることができる。

- 民族間の差別
- ヘイト言動（街頭、ネット上）
- 「いじめ加害者」へのネット上の攻撃
- 学級崩壊につながる教師へのいじめ
- SNS上のつきあいが悪いときに書き込まれる（一時的な）悪口

いじめをコミュニケーション・システムとしてとらえるということは、いじめを単体の行為として切り取らないということでもある。すなわち、いじめにおける「一定の人間関係」というのは明確な境界がつきにくい。どこまでが「一定」なのかは、当事者あるいは観察者の主観的判断に委ねられる。もっといえば、初めに「関係」があるのではなく、「いじめ」と観察された時点で関係が発生する場合もある。コミュニケーション・システムとしてのいじめというアプローチは、こういった広がりを持ついじめをとらえるための方法的視座ということになる。

2　社会的次元と心理的次元の相互浸透

いじめをコミュニケーション・システムとしてとらえることは、いじめが外的に拡散して存在している面を取り出すうえで有効である。だが、それだけでは、いじめが心理的現象でもあることは視野に入ってこない。

この意味で、いじめは内在的な手法でもとらえる必要がある。すなわち、コミュニケーション・システムとしてのいじめは、必ず、いじめる側・いじめられる側双方の何らかの心理的機制を介在させている。その限りで、いじめは自らの内なる問題としてもとらえる必要がある。逆にいえば、いじめ研究は、心理的次元と社会的次元を結合する理論を必要としているともいえる。

この事実に向けて、コミュニケーション・システム論はどう関わることができるのだろうか？　すなわち、心理学的アプローチと社会学的アプローチはどう接合しうるのだろうか？　この二つのアプローチは、いじめが両方の次元にまたがっているという事実を直視する限り、どちらかが他方に優越するというものではないだろう。

ここでは、その接合の仕方として、社会的なものの心理的次元への浸透、また心理的なものの社会的次元への浸透という見方をとってみたい。すなわち、社会的なものと心理的なものとの相互浸透という視点からいじめをとらえてみたい。それは、いじめを単に社会的事実として記述するのではなく、また心理的機制をそれ自体で取り出すものではない。心理的葛藤から始まったいじめがどうして社会的事象となるのか、また、社会的事象として存在するいじめがどういう心理的プロセスを経て現象しているのかを探るものである。

「社会的なものと心理的なものの相互浸透」のプロセスは、いくつかの次元にまたがっている。本章では、それを図1に示す四つの次元からとらえてみる。図のⅠは、前章において考察したコミュニケーション・システムとしてのいじめである。個々のいじめシステムは、広い社会的状況およびそれに対応する社会心理を背景にしている〈Ⅰ⇅Ⅱ〉。また、そのときどきの社会状況は、より深い次元でその社会の文化的状況や文化的原型に根差している〈Ⅱ⇅Ⅲ〉。そして、いじめはどんな社会・文化においても発生しうるという意味で、それは普遍的な心理的機制でもある〈Ⅱ・Ⅲ⇅Ⅳ〉。

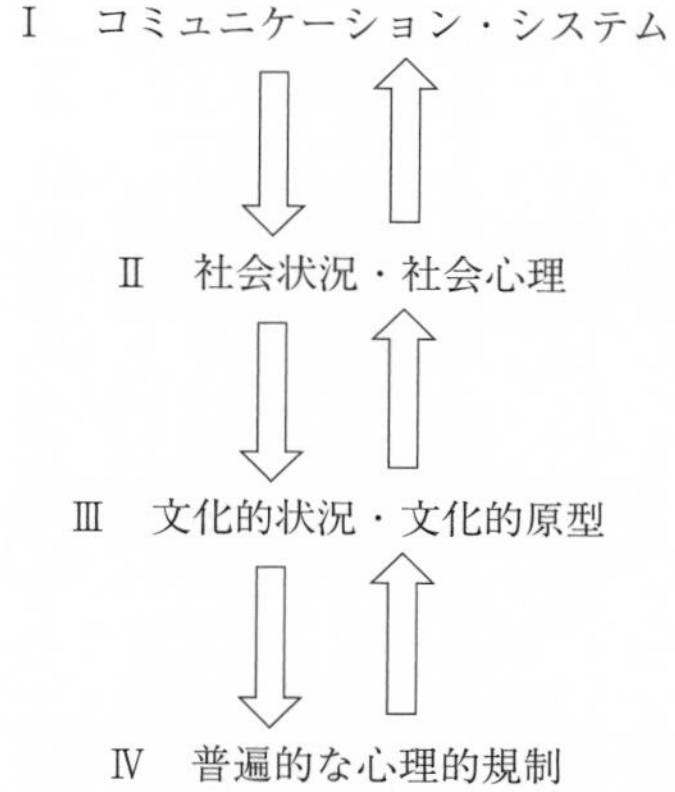

図1「いじめ」の社会的次元と心理的次元の相互浸透

以下では、図1にそって、コミュニケーション・システムとしてのいじめが社会的次元と心理的次元の相互浸透として存在するプロセスを見てみよう。

3　ニューエリート型の「いじめ」

まず、図1における〈Ⅰ⇅Ⅱ〉の相互浸透についてである。「いじめ」が、Ⅱの社会心理的次元で、憎悪感情と根を同じくしていることは、「ヘイト・スピーチ」が示す通りである。それはまた、単にわれわれの社会に巣くう病理としてではなく、おそらく「排除社会」(格差社会)の動向とも深く関わっているだろう。すなわち、今日のいじめは、人類普遍の心理的機制としてではなく、現代社会の「排除」機制の一つとしてとらえる必要がある。

いじめが、〈Ⅰ⇅Ⅱ〉と関わって、社会的な契機をはらんでいることの事例として、大津いじめ自殺事件をあげてみよう。

この事件が社会問題になったとき、学生もこの事件には大きな関心を抱いていた。その議論の中で、ある学生がこの事件の被害者の親と加害者とされる生徒の親について、どちらも「メンタル強い！」というフレーズを発したのが印象的であった。

このフレーズは、その事件が二〇〇〇年代の「ニュー・エリート型」いじめ事件であることを端的に表現していると思われる。

いじめは一九七〇年代までは農村的な現象であった。すなわち、旧来の村落共同体において、閉鎖的状況の中で、強い者からの弱い者いじめとしてあった。一九八〇年代以降、いじめ事件の舞台は都市部あるいは都市近郊に移った。これは、いじめが中間階層的な現象として、彼らの間の仲間関係の中での事象となったことによるものである。

これに対して、大津の事件では、事件に関係した生徒の保護者は社会的エリートである。そして、そのことにより学校や教育委員会が事件の解明に及び腰になり、事件の調査が開始された後も彼らに振り回されることになった（1節で述べた筆者が遭遇した場面の地域は高級住宅地として知られている）。

ニューエリート層がいじめ現象の前面に出てきたのは、どういう社会的背景においてであろうか？一九九〇年代以降、ネオリベラリズムの経済政策が採用されることによって、日本社会は階層分化が加速され、誰もが生活リスクを抱える社会へと変質した。また、エリートになるには、単に学力だけではなく、自分を律する力、コミュニケーション能力も求められる。そして、その地位を維持するには、たえず競争に打ち勝たなければならず、敗者はその結果を自己責任として受け止めなければならない。こうした状況では、たとえ自分に非があっても、それを認めることは自分の立場を危うくすることになり、逆に、相手を威圧することでその状況を切り抜けようとする。また、その主張の根拠として、おおうにして権利をふりかざすことすらある。

これまでのいじめ自殺事件においては、加害者生徒は、自分が犯したことへの痛恨の念を表明するのが通例であったが、大津の事件では、そういう自責の念が見られないのも特徴的である。今回のこのいじめ自殺事件を通じて、他者への痛みを感じないことがニューエリートになる条件にすらなっているとさえ推測される。

4　依存関係としての「いじめ」

つぎに、〈Ⅱ⇅Ⅲ〉の次元、すなわち、社会的次元と文化的次元の相互浸透からいじめ現象を検討する。「いじめ」を「いじめる行為」だけに焦点をあてるとその本質を見誤る。もちろん、「いじめ」は、「いじめる」側の能動性がまず問われるべきであるが、同時にそれは、「いじめる - いじめられる」という関係であり、またそれをめぐるコミュニケーション・システムとしてとらえるべきである。その関係を「いじめる」側から見れば、依存関係（アディクション）としても見ることができる。すなわち、「いじめる」側は「いじめられる」側を自分の不満の発散の対象として必要としている。また、「いじめられる」側もその関係から逃れられない何らかのコンプレックスを抱えていると思われる。

アルコール依存であれ、ギャンブル依存であれ、依存（中毒）に陥っている者に対して、「それはいけないことだ」と説くことは意味がない。悪いと自覚していて、つい手が伸びてしまうのが「依存症」である。逆に、いけないと思うことが、ますます対象を意識し、それから逃れられなくなる。

こう考えると、現在の社会における病理的現象の多くが依存関係に基づいていることがわかる。たとえば、ストーカー、虐待、セクハラ、パワハラ、アカハラ、ヘイト・スピーチ、クレーマー、モンスター・ペアレント……。

われわれの身の周りにこのように依存関係が氾濫していることは、社会学的にはギデンズが指摘したように（Giddens 1990=1993）、現代社会が自律化を求める傾向にあることの現れでもある。すなわち、個人的に自律することが期待される一方で、自分の拠り所がないときに、ふがいない自分を忘れることができる対象が出現すれば、それに飛びつくことになると考えられる。

ところで、「いじめ」依存が「日本」社会をめぐる文化動向と関連していることを指摘する興味深い記事がある。作家の星野智幸の「宗教国家・日本」（「朝日新聞」二〇一三年一二月二五日）という記事である。それは、近年日本人の中に「日本人」ナショナリズムが強まっていることについてのもので、日本に以前から一種の「同調圧力」として学校や職場にあったものが、国単位に拡張してきているというのである。

我を張って個人としてはみ出し孤立し、攻撃のターゲットになるより、自分であることをやめて「日本人」アイデンティティに溶け込んで安心を得たがる傾向について指摘されている。日本社会は、東日本大震災と福島原発事故以降、巨大な喪失感を味わい、希望が持てず、心が不安定になって、感情の揺れを抑えられなくなっている。星野氏は、「日本人」信仰は、そういう瀬戸際に立っているわれわれに安らぎをもたらす最後の砦となっているという。そこからの脱出策として星野氏が最後に指摘するのは、「自分の中にある依存性を各々が見つめ」ることである。

では、依存症から脱却するにはどうすればよいのだろうか？　システム論的には、依存している自分に気づくことが求められる。すなわち、対象に依存している自分について観察することである。それは観察についての観察、あるいは二次的観察である。しかし、一次的観察に固着している依存者にとって、そのような二次的観察の立場に立つことは困難な作業である。そのような状況において、社会学的な観察は代理的観察としての役割を果たすことができるだろう。

ここで誤解してならないのは、代理的な二次的観察としての社会学的観察は、いじめ関係に対して高みに立って観察をすることではないということである。社会学的観察は原因探し（犯人捜し）を行うものではない。すなわち、「いじめる」側が抱える問題（性格的特性、家庭的困難さ）を指摘して事を済ますものではない。それは、おうおうにして事態を学術的な用語で置き換えることでしかないだろう。社会学的な観察とは、むしろその関係の輪の中に自分自身を置くということである。そしてこのような観察姿勢が求められるのは、右にあげたいくつもの依存関係が示すように、われわれ自身がいじめと無関係ではないからである。われわれ（日本社会）が抱える問題がそこに集約されているものとして、「いじめ」現象を直視すべきであろう。

5　渦的現象としての「いじめ」

最後に、〈Ⅲ⇅Ⅳ〉の次元でのいじめについて見ておこう。

「いじめ」は人類社会に普遍的に見られるものである。動物はそういった高度な社会的行為はできない。そういう意味で、「いじめ」は実に人間的な現象であり、われわれはその事実を受け入れるところから出発しないといけない。そうしたとき、普遍的「いじめ」は、文化によって、また時代によって変化することにもなる。

ここで、文化という観点からは、日本社会における深層的な社会関係・家族文化としての「甘え」がある。また、日本のいじめの多くが教室内で起こっているように、それは日本型の「集団主義」「共同体主義」とも絡んでいる。他方で、いじめの「現代」性に着目するならば、それは「私事化」(個人主義化)と関わっている。

前章で見たように、いじめ論者でいうと、「現代性」に注目するのは森田洋司で、「共同体性」に注目するのは内藤朝雄である。この両者の論ともいじめを一面的に説明することで、シンプルな説得性を持ってはいるが、その分、いじめの「リアリティ」を失っていると思われる。

われわれの目の前には、集団主義と私事化(個人化)という二つの潮流が存在しているのは事実である。それのどちらかが本質なのではなく、両方が混在し合って、「現在の日本」のいじめが存在しているととらえるべきではないだろうか。このとき、日本型「いじめ」は、右にあげた二つの潮流がぶつかるときに発生する渦としてとらえることができる。渦に巻き込まれたとき、そこから逃れることは至難の技である。

日本型いじめを渦的現象として見ることによって、欧米のいじめの単線(単純)性と比べて、その複雑性が理解できる。つまり、欧米のいじめの多くが、単純な一回的・個別的な弱いものいじめ・差別であるのに対し、日本型いじめは、右に述べたように、「共依存」関係として継続されていることに特徴がある。

そこでは、いじめの加害者と被害者が入れ替わることもある。また、必ずしも優位にある者がいじめる側になるとは限らない。これは、渦の中に巻き込まれた場合、自分で自分をコントロールできなくなるのと同じである。

6　おわりに

ここまで、いじめを社会的なものと心理的なものの相互浸透という視点からとらえ直してみた。いじめは、たしかに社会的現象として存在している。だが、社会的次元だけを強調するならば、それはわれわれのコントロールを超えた「物」になってしまう。他方で、いじめを心理的事象としてだけとらえるならば、それは個々の人間関係として処理されることになる。いじめが社会的に拡散することの観察と、その心理的現象としてのレベルで当事者がその状態を自省でき、それから距離を置くことの観察は同時に遂行されねばならない。

そして、いじめの観察が代理的であっても、コミュニケーションとして社会全体に浸透するならば、その代理観察は当事者にも作用するはずである。

いじめについての社会的コミュニケーションは、ただいじめについての社会的キャンペーンを張ればよいというものではないだろう。また、単にいじめ行為を非難したり、規制の網をかぶせればよいというものでもないだろう。そのコミュニケーションなり観察が、いじめ当事者が巻き込まれている状況をどれだけ客観的に（リアルに）描くことができるかが問われている。

第5章

ネットワークとしての教育システム

1　ネットワーク思考を求める教育システム

教育システム、特にその中核をなす学校については、外部的には閉鎖性からの脱却、また内部的には柔軟な組織に脱皮することの課題が指摘されて久しい。だが、今日の状況において、それらの課題はつぎのような矛盾を帯びた形で解決が志向されていて、事態は袋小路に入っている感がある。すなわち、学校運営協議会制の導入や地域ボランティアの学校参加などにより学校の運営や教育活動に地域・保護者の声が反映するようになり、その開放が進んできている。

しかし同時に、学校の組織経営の次元では、ニュー・パブリック・マネジメント（New Public Management）的な行政的指導が強化されてきている。すなわち、学力評価・教員評価など学校の教育成果が数量的に把握されるなど、民間手法の導入、成果主義・市場主義の動きが強まっている。システムの開放・柔軟化と管理主義・市場主義化が同時進行するこのような状況は、教育の場だけで進行しているのではない。また、日本だけでなく、欧米でも同様な状況が指摘されている。このとき、管理化・市場化の同時進行を突き崩す第三の原理として「ネットワーク」が注目されてきている（今井・金子 一九八八：一五三、Shirky 2008=2010：48）。はたしてネットワークは官僚制（ヒエラルヒー）と市場に代わるガバナンス形態となりうるのだろうか。

このような社会状況において、ネットワーク論の多くは、様々な形でネットワークの可能性や効用を説くものとなっている。

たとえば、インターネットが社会資本として作用していること（宮田 二〇〇五）、企業組織にとってネットワークがイノベーションをもたらすこと、特に大企業において官僚制的な硬直性を打ち破ること（西口 二〇〇九）、あるいは、分断された個人が社会運動を組織できる可能性を持つこと（大澤 二〇一〇）など、様々な次元でネットワークが今の社会状況を打破する鍵となることを説く論がある。それらは、ネットワークが、それぞれの組織が抱える問題を乗り越える「ツール（道具）」として有効であることを強調する。だが、これらのネットワーク論の並立状況からは、かえってこれまでの社会システムのあり方が変わることについての見通しをえることは難しい。逆に、各組織や個人が既存の目標の実現に向けて道具主義的にネットワークを位置づけ、導入することは、既存の機能社会の諸矛盾を加速させるものになるのではないだろうか(1)。

本章は、このような状況を見据えつつ、機能社会の新たな段階をもたらすためにネットワークの概念的な意味を再吟味するものである。

ネットワークをめぐるこのような社会状況は、短期的な社会問題の解決手段としてのネットワークではなく、より根底的な視点から社会全体のあり方の変化としてネットワークをとらえる必要性を示している。他方で、ネットワーク化は社会の様々な領域・次元で進行しているものであり、同時に具体的な事象に即した検討も必要である。

本章では、ネットワークが持つ可能性に基づく社会システムのあり方を考えるアプローチを「ネットワーク思考」と呼ぶ。それは、ネットワークに対し一般的視点と個別具体的視点の両面からアプローチする。そして、その両方を備える方法として、ルーマンのネットワーク概念に注目するものである。

ルーマンはそのシステム論においてネットワーク概念を多義的に用いている。それらは一見、彼がネットワークという語を無頓着に用いているかのような印象すら与える。本章はそれらのネットワーク概念の使用例の文脈をつなぎ合わせて読み取り、システム論とネットワーク論を架橋することを試みる。それによって、今日のシステム社会の新たな展開に向けてネットワークが持つ可能性を浮かび上がらせる。

ルーマンのシステム論においてネットワークという語が多義的に用いられているのは、彼が社会の基本原理としてのネットワークという次元から、社会の様々な日常場面で見られるネットワーク現象にまでを視野に入れていることと対応している。

しかし、ルーマンはネットワークの用語を体系的に論じてはいない。様々な箇所で、それぞれ文脈に応じて微妙に使い分けている。ルーマンの没後、ドイツのシステム論研究において、ルーマンのネットワーク概念をめぐって多様な議論が展開されているのも、このような事情による。本章はそれらを参考にしながら、ルーマンのシステム論におけるネットワーク概念の用法を再検討し、現代社会とその機能システムにとってネットワーク概念がどのような展開可能性をはらんでいるかを探る。

2　システム論とネットワーク論

1　システム論におけるネットワーク概念

今日、(全体)社会(die Gesellshaft)は「ネットワーク社会」とも呼ばれる。すなわち、社会は総体として、社会の隅々まで「ネットワーク」という事象によって作動するシステムとなっている。これは、いうまでもなく、インターネットという技術の発達によってもたらされたものである。社会が技術の進展とともに進化・変化を遂げることは、歴史的に見て、産業革命と市民革命が同時並行的に進んだことからも明らかである。

では、インターネットという技術はどのような社会変化を引き起こしているのだろうか？　これについてルーマンは『社会の社会』(GdG)の第2章「コミュニケーション・メディア」の中でつぎのように述べる。

電話からファックス、電子メールに至るまでのテレコミュニケーションによって、その（コミュニケーションの空間的・時間的―引用者）制約はゼロに近づきつつある（GdG：338）。

実際に（生じている事態として―引用者）観察されうるのは、データを収集し利用し再修正することからなる、世界規模で作動するコネクショニズム的なネットワークである（GdG：340）。

ルーマン自身は「ネットワーク社会」という語を用いてはいないが、このように、すでに、われわれの社会の「進化」の方向性において「ネットワーク社会」の到来を認識していたと思われる。しかし、ルーマンは単に現代社会の主要な動向をさし示すものとして「ネットワーク社会」を論じたのではない。そうであるならば、これまでも現代社会に対して「消費社会」「大衆社会」「メディア社会」「情報化社会」……など様々な名称が付与されてきたように、「ネットワーク社会」も、社会の潮流を外部観察した結果にすぎなくなる。

「ネットワーク社会」は単なる記述概念にとどまるものではない。というのも、後述するように、システム論の見方では、社会はそもそもネットワーク的にしか形成されないからである。もともとネットワークでしかないものを、あえて「ネットワーク社会」と呼ぶのはトートロジーである。「ネットワーク社会」を論じることは、社会システムの現段階の構造認識としてではなく、その形成・進化・分化の展開プロセスを見ることになる。それは、すでにでき上がった社会についての静的な外部観察ではなく、社会のオートポイエシス的展開についての内部観察になる。

ネットワークが社会のオートポイエシス性と関わっているという認識からルーマンの論をとらえ直す試みとして、まず参考になるのは、システムの基底を支える原理としてのネットワークと、システムの発展形態としてのネットワークの区別に注目するボメ／タッケ（Bommes & Tacke 2007）の論である(2)。

ボメ／タッケは、『社会の社会』におけるルーマンのネットワーク概念の使用法を、ネットワーク概念Aとネットワーク概念Bに大別する。その際、ネットワーク概念Aは、ネットワークがシステムを形成するという作用面でとらえられる。また、ネットワーク概念Bは、機能分化が進んだ段階において、その作用が及ばない範囲で人物間で形成されるネットワークという事象面でとらえられる。

たしかに、『社会の社会』におけるネットワーク概念は大まかには、このような使い分けがなされており、その限りで、この区別は誤ってはいない。だが、ルーマンは同書においてネットワーク概念をもっと細部で微妙に使い分けている。また、それと同時期、あるいはそれ以前の著作においても「ネットワーク」概念が用いられている。それらを比較検討し、ネットワーク概念Aからネットワーク概念Bへと、いかに移行していくのか、概念変化のプロセスを追う必要がある。また、ネットワークという事象は、ボメ／タッケのネットワーク概念Bだけでは収まりきれない多様な事象を含んでいて、それらを視野に入れた概念把握が必要である。

この二つの作業を行う前に、ボメ／タッケのネットワーク概念Aとネットワーク概念Bの区別について要約しておこう。

2　ネットワーク概念A：原基的ネットワーク

ネットワーク概念Aに関してボメ／タッケは、自己形成力を持つシステムの場合、その要素がネットワーク的なつながりの中で生み出されるというルーマンの解釈に注目する。『社会の社会』ではつぎの引用がそれに該当する。

> オートポイエティックなシステムとは、その構造だけでなくシステムを成り立たせている諸要素をも、当の諸要素のネットワークの中で産出していくシステムのことである（GdG：59）(2)。

> コミュニケーションは自己を、システム固有の諸作動の中のネットワークとして規定する（GdG：71）(3)。

この二つの引用から、ルーマンが「システム」を、もともとネットワーク性を持つものとしてとらえていたことがわかる。つまり、システムは、システムとして成立した時点ですでにネットワークであるということである(4)。

また、ボメ／タッケは、コミュニケーションがもともと「意味ある関連能力」を持っていて、その作動自体が再帰性あるいはネットワーク性を持つと解釈する。

しかし、システム＝ネットワークという結びつきは、必ずしも自動的に成立するものではないと思われる。

たとえば、教育について語るコミュニケーションがいくつかなされていたとする。これらが互いにばらばらになされていたならば、そのときだけの一過性のコミュニケーションで終わる。そこにはまだネットワーク的なシステムはない。ところが、それらのコミュニケーションが互いに意味づけし合ってなされるとき、そこには一定の期間持続する相互的なコミュニケーション関係が生じる。この段階において、ネットワークが成立したことになる。

また、たとえば、インターネット空間はそれ自体ではネットワークではない。それはメッセージや情報がばらばらに告知されている空間にすぎない。それがネットワークであるといえるのは、あるコミュニケーションがなされたときに、それが到達することの「期待」や「信頼」がある場合である。コミュニケーションは、極限的には相手に伝わることの信頼性なしに可能であるが、「通常」の場合は、その到達についての信頼や期待をもってなされる。

これについて、ルーマンはつぎのようにいう。

通常のコミュニケーションは、自分自身を再生産する自ら産み出したネットワークの中で自己を方向づけていく（GdG：421. 傍点引用者）。

ルーマンは、システムを、全体と部分からなる統一体としてではなく、自己を環境と区別する統一体としてとらえる（SS：序章）だが、後者の見方でも、システムはまだ静態的である。それが、「オートポイエシス」・システムとなるのは、それが回帰性を備える場合、すなわち、ネットワークでもあるときである。

システムは、自己を再生産するには、環境に対して閉じ、その作動（操作）をつぎの作動に接続させなければならない。この意味において、システムは時間的流れにおいてオートポイエシス・システムとなる。システムは環境から自己を区別することで、内部に一つの構造を形成するが、その回帰的な側面を表現するのがネットワーク・システムということになる。

3　ネットワーク概念B：社会的システムとしてのネットワーク

ボメ／タッケはネットワーク概念Bをつぎのように説明する。

> ネットワークBでは、社会的ネットワークがコミュニケーションの構造形成の一つの形式として（ネットワークAから―引用者）区別される。それは、コミュニケーションの他の構造から関連可能性が制約されるという意味においてである。……　多くは、機能分化の制約された貫徹という意味で理解される（Bommes & Tacke 2007：13）。

ボメ／タッケはネットワーク概念Aの「普遍」性と区別して、ネットワーク概念Bの多様な現れ方を「特殊」性においてとらえる。それは、「機能分化」が及ばない領域で、個別に形成される。そして、その典型例として、学問ネットワーク、近隣ネットワーク、移民ネットワーク、女性ネットワークなどをあげている。

では、ネットワーク概念Bで取り上げられる個別具体的な事象はなぜネットワーク概念Aから出現するのだろうか。この点について、ボメ／タッケはつぎのようにいう。

近代社会における社会的ネットワークの解放は、もはや身分的な包摂形式と結びつかない社会的アドレスの解放によって可能となる。原則として、誰もが誰とも社会的関係に入ることができる。（社会的ネットワークは—引用者）近代社会において異質なものを（つまり多様な文脈で意味から生み出されるものを）特殊に（つまり特殊なアドレスの結合によって）互いに関係づける。（社会的ネットワークの普遍性は—引用者）身分社会の解消と機能分化の貫徹に伴うアドレスの解放に支えられている。さらに、ネットワークの形成は、世界社会において多様な関連可能性が見出される。つまり、機能分化が現れる所だけというわけではない（Bommes & Tacke 2007：14）。

これらの記述から、ボメ／タッケはネットワーク概念Bを、近代社会における個人の解放に伴って現れるという、社会進化的な産物としてとらえていることがわかる。

そして、ボメ/タッケは、近代社会が同時に機能分化社会であることと関わって、ルーマンがネットワークを「多くは、機能分化の制約された貫徹という意味で理解」していることに注意を促す（Bommes & Tacke 2007：13)。つまり、ネットワークは機能システム化社会における、それに包括されない一種の残余的なシステムとしてとらえられる。この意味で、「社会的ネットワークは特殊な社会的構造形成の一つとしてとらえられる」（Bommes & Tacke 2007：14)。

しかし、ボメ/タッケは、ネットワーク概念Bを残余的概念として理解する範囲をもっと広げる。それは、ネットワークの柔軟性と関わっている。つまり、ネットワークは単に機能システムの背後において作られるだけでなく、ルーマンがあげる社会的システムの類型以外の社会的システムとしても存在するという点においてである。


社会システムは、第一に、居合わせる者の相互作用として記述されるのでは十分ではない。第二に、参加条件と境界づけの様式という点で、組織から明確に区別される、第三に、その達成コミュニケーションは典型的には、機能特殊的ではない（Bommes & Tacke 2007：19)。

（ネットワークは―引用者）制約の前もって与えられた基準がない限りで、事実的である。制度化された社会的立場や役割に係留せず、またそれによって発見されず、ただ「機会」によって見出される限りで、社会的である。……それは、地位や役割に支えられない。また、社会的な分化形式に支えられない（Bommes & Tacke 2007：17）。

この二つの引用が示すように、ボメ／タッケは、ネットワークを、ルーマンがあげる社会的システム（soziale Systeme）の三類型の相互作用・組織・社会（機能分化社会）から抜け落ちるコミュニケーション・システムとしてもとらえる。また、その延長において、CMC（computer mediated communication）革命によって出現しているメディア・ネットワークも位置づけられる。

このようにボメ／タッケのネットワーク概念Bは、機能システムの背後で、相互作用あるいは組織としてではなく形成される「特殊な」社会的システムとしてとらえられる。そして、このとき、ネットワーク概念Bは、その包括性とともに、とらえどころのない概念となる。

この点に関して、ボメ／タッケは、「普遍／特殊」という区別がなされることで、「AとBというタイプとして示した二つの適用様式は曖昧」（Bommes & Tacke 2007：13）になると述べているが、それはネットワーク概念Bに含める事象が多岐にわたることによるものである。そこでは、地域に暮らすホームレスたちが作るネットワークと世界的規模の研究者間のネットワークが同列に扱われることになるだろう。そこで、本章ではつぎにネットワーク概念Bを再整理することを試みたい。

4　ネットワーク概念Bの再区分

前節で見たように、ボメ／タッケのネットワーク概念Bには異質かつ多様なネットワーク現象が含まれ、それを一括りにすることによってネットワーク概念Bの曖昧さがもたらされている。そのため、本章では、ネットワーク概念Bを、BⅠとBⅡに再区分する。この二つを分かつ基準は、機能システムに準拠して形成されるかどうかである。すなわち、ネットワーク概念BⅠは、機能システムの作動に伴って、その周辺領域で形成されるネットワークである。これに対して、ネットワーク概念BⅡは、機能システムの作動が及ばない領域で形成されるネットワークである。

ネットワークBⅠは、各機能システムの状況に応じて、多様な事例があげられる。たとえば、学問システムの周辺で形成される研究者間のネットワークや、経済システムの周辺で形成される移民の就労ネットワークがそれである。

これに対して、ネットワークBⅡは特定の機能システムに準拠せずに形成される。この特性によって、それはまた、相互作用と組織の間に形成されることになる。たとえば、右にあげた移民ネットワークは、就労面だけでなく、生活全般にわたって相互に支え合うという面では、ネットワークBⅡとなる。また、生活圏を共有する市民の近隣ネットワーク、自ら選んだジェンダーを共通にする者の間で形成されるネットワーク、あるいは災害支援のネットワーク、多様な趣味で結ばれるネットワーク、「趣味縁」（浅野二〇一一）もこれに含まれるだろう。

5　CMC空間のネットワーク

さらに、ネットワークBが生活面で重要度を高めている要因として、CMCによって形成されるネットワークがある。これもまたBⅠとBⅡにまたがっている。

まず、CMCは流通する情報量を爆発的に増大させるという点で、マスメディア機能の領域に位置づけられるだろう。CMCによって拡張された社会領域は、「情報／非情報」というコードが用いられる限り、マス・メディア機能に含まれる（RM）。あるいは、そこでは、従来のラジオ・テレビ・新聞などの旧来のメディアを凌ぐ情報メディアとなる。

インターネット上でのコミュニケーションは、各機能システムが抱える課題について自由に発言し、意見交換する場ともなっている。とりわけ、FacebookやTwitterをはじめとする各種のSNSは、全世界的な規模で情報が交わされるネットワーク空間となっている(5)。

CMCはマス・メディア・システムの周辺で形成されるという意味で、ネットワーク概念BⅠとしてとらえることができる。それは、新たな「世論」形成の役割を果たす「疑似的なマス・メディア」である（Takke 2010：14-15）。

他方で、CMC革命は、インターネットを介した対人的コミュニケーションの復権をも同時にもたらしている。各種のSNSやメーリング・リストでは特定のテーマについてのコミュニティが形成されていて、それを介したコミュニケーション・ネットワークが日常生活の中に定着してきている。この意味において、CMCは、かつては局所的で一時的な関係でしかなかった相互作用を継続的なネットワークにしているといえる。このレベルでのコミュニケーション空間は、相互作用や組織を超えたネットワークBⅡとなっている。

ＣＭＣをめぐっては、ルーマンは、『社会の社会』においてつぎのように記述している。

《情報社会》がネットワークを通じて世界規模で脱中心的・コネクショニズム的にコミュニケーションを行っている事態（GdG：18）。

今や、コミュニケーションに必要なエネルギーは、コミュニケーションを作動として実行することとは完全に無関係に（例えば、まったく別の場所で）生産され、必要に応じて自由に用いられうる。エネルギーの流れを技術上どのようにネットワーク化するかは、コミュニケーションに対してはまったくニュートラルである。言い換えるならば情報というものは技術的なネットワーク化の外部において産出されるのであり、《ノイズ》によってはただ撹乱されるだけなのである（GdG：337）。

これらの記述から、ルーマンが生前すでにインターネット時代が到来していることを意識しつつも、それを情報が流れる通路として技術的にとらえていたことがうかがえる。ＣＭＣは、機能システム社会との関連でネットワーク概念Ｂが拡張する技術的基盤を与えているといえよう。

3　システムの分化とネットワーク

本章はここまで、ルーマンが用いるネットワーク概念においてネットワーク概念Aとネットワーク概念Bの区別がなされることを指摘したボメ／タッケの論を再解釈して、ネットワーク概念BはⅠとⅡを区別すべきであることを見てきた。ところが、ルーマンが『社会の社会』においてネットワークについて語るのは、ボメ／タッケが取り上げた箇所だけではない。ルーマンは同書において十数個所でネットワークについて論じているが、同書第3部「自己記述」におけるネットワーク概念は明らかに、ネットワーク概念Aとネットワーク概念Bとは異質なものである。たしかに、それらは断片的であって、ネットワークを中軸に据えた論とはなっていない。しかし、それらをつなぎ合わせるとき、晩期ルーマンのシステム論においてネットワーク概念が重要な位置を占めているのを読み取ることができる。

本章では以下に、それに新たに「ネットワーク概念C」という名を与え、その理論的意味を考察する。

1　社会の自己記述としての「ネットワーク概念C」

ルーマンの社会システム論は、近代社会では社会全体にわたって機能システムが分出していくという論である。近代社会は、それまでの社会で身分制につなぎとめられていた個人が自由な活動主体として、各機能システムにおいて独自な達成をなす社会である。中世の社会が宗教・家族・法・政治・経済が融合していた社会であったのに対し、近代社会はそれらが自律化した社会である。機能システム間の相対的関係としては、宗教・家族の支配が弱まり、経済の支配力が強まった。また、政治・法をはじめとして各機能領域が官僚的組織によって秩序づけられた。その中で、教育システムは比較的に遅く開始・整備された。また、医療・福祉システムの確立はそれに続き、さらにマスメディア・システムは二〇世紀後半に急速に拡大した。

このように、社会は長期的に機能システム化、またその分化の傾向にある。他方で、ルーマンは社会の中に形成される社会的システムとして、相互作用・組織・全体社会（機能分化社会）という三つの類型をあげている。この三類型は、社会の機能分化と関わらせると、つぎのように解釈できる。

すなわち、前近代は、いうなれば、相互作用の時代であった。ホルツァ（Holzer 2011：52）は「古代社会は対面的社会（face-to-face societies）としてイメージできる」と指摘する。なぜなら、その段階では、印刷術がないため、居合わせる者の間のコミュニケーションにおいてのみ社会が再生産可能だからだとされる。

これに対して、近代社会では、組織、特に大規模な官僚制組織によって機能システムと社会が編成される。ルーマンが、相互作用は「社会との関連において遂行されるエピソードにすぎない」（SS：740）というのも、機能分化と組織化が進行した社会をイメージしているからである。

このときは、ルーマンの社会システム論では、全体社会は諸機能システムによって構築されると同時に、各機能システムは組織（というシステム）によって構築されることになる。また、相互作用はそのプロセスにおいて全体として「社会を補強する」(SS：740) ということになる。

このように見るならば、ルーマンは、相互作用、組織、全体社会(機能分化社会)という類型を単に分類図式としてではなく、相互作用→組織社会→全体社会(機能分化社会)という、システムの外的分化のプロセスにおいてとらえていたということがわかる。ここで「外的分化」とは、社会的システムが、外部の環境と自己を区別しつつ自己形成するという意味においてである(SS：305)。

では、その分化のプロセスはどのように進行するのだろうか。『社会システム理論』においてルーマンは、社会分化の形式として、つぎのようなものをあげている。すなわち、「類似の諸統一体への分化(分節化)、中心／周辺の分化、同調／逸脱(公式／非公式、フォーマル／インフォーマル)の分化、ハイアラーキー的分化、機能的分化」(SS：301)である。ここで、「機能的分化」が最後にあげられているように、それは社会システム形成の最も後になって出現したものである。そして、現在も機能分化の流れは進行中であるが、そこには同時に、右にあげたそれまでの社会分化の諸形式が働いていると考えられる。

このような社会分化論をふまえるとき、すでに述べた相互作用→組織→全体社会(機能分化社会)というプロセスは、ネットワーク概念Aのネットワーク概念Bへの展開過程と重ね合わせることができる。ネットワーク概念Bはネットワーク概念Aを原基として、相互作用→組織→全体社会(機能分化社会)という社会分化を展開する。

ルーマンは、『社会の社会』の第4章「分化」においても、「ネットワーク」概念をこのシステム分化を説明する概念として用いている。ところが、同所において注目すべき点は、相互作用↓組織↓全体社会〈機能分化社会〉という図式が、〈下位↓上位〉という関係としてではなく、逆に、〈セカンド・オーダーの観察↑観察〉という逆向きの関係としてとらえられていることである（GdG：1142）。

これはつぎのように解釈できる。すなわち、相互作用↓組織↓全体社会（機能分化社会）という社会分化は、ネットワーク概念Aを原基としてネットワーク概念Bが展開するプロセスであったが、そのプロセスにおいては、相互作用↑組織↑全体社会（機能分化社会）という観察プロセスが同時に進行しているということである。

これはつぎのように再解釈できる。すなわち、「全体社会」は、様々なコミュニケーション（観察）を行うが、それが具体的な形を取るのは、何らかの「機能システム」でのコミュニケーション（再観察）を通じてでしかない。また、それがある機能システムで受け止められてコミュニケーション（観察）されたとしても、それは何らかの「組織」による決定（再観察）によってしか実行されえない。さらに、その決定（観察）は、「相互作用」レベルのコミュニケーション（再観察）によってしかなされえない。

もっと具体的に述べてみよう。たとえば、社会において「学力向上が急務である」というコミュニケーションが盛んになされていたとする。これらのコミュニケーションが何らかの方向づけにおいてまとまるには、その任を引き受ける機能システムである教育システムが外部環境（全体社会）におけるそれらのコミュニケーションを受け止めなければならない。すなわち、そのテーマは教育システム内で様々な立場でのコミュニケーションとして展開される。そして、それが何らかの具体的な教育的取り組みとしてなされるには、文部科学省あるいは中教審における組織的議論がなされねばならない。また、中教審という組織が学力向上策について何らかの決定を下すには、組織内外のいろいろな場面で関係者間の相互作用（議論・会話）の積み重ねが必要である。

これらの各次元でのコミュニケーションは、それぞれのシステムの外部環境の観察としてなされている。このように、ルーマンは、社会的システムの三類型間に、相互作用↑組織↑全体社会（機能分化社会）という方向での観察関係を見てとっている。

三類型間のこのような二つの逆向きの関係をルーマンは、それぞれ「ヒエラルヒー的な構想」と「ネットワーク構想」と呼んで区別する。

> 機能システムと組織との関係に関するハイアラーキカルな構想に代わって、一種のネットワーク構想（コンセプト―引用者）が登場してくることになる（GdG：1141）。

ここにおいて、ルーマンがネットワーク概念として、ネットワーク概念Aとネットワーク概念Bだけではなく、「ネットワーク概念C」と呼ぶべきものをも想定していたことがわかる。

すでに見たように、社会は相互作用から出発し、機能システムにまで分化する。作動面からとらえるならば、そのプロセスは、機能システム間のネットワークが働くことによって全体社会が維持され、機能システムはその内部における組織のネットワークが働いてその課題を達成し、組織はその内外の相互作用のネットワークが働いて決定を下す、ということになる。そして、これらの作動プロセスにおいて同時に逆向きに貫いているのは、観察という作用である。

もう一度、具体例をあげてみよう。たとえば、ある人物Kが友人Mと話し合って、ある商品を制作・販売するために起業したとする。その場合、時間的な流れでは、KとMの相互作用→会社組織の立ち上げ→経済システムでの活動、というプロセスが進行する。ところが、この時間的流れと並行して、つぎのような観察プロセス（あるいは構想）が存在する。すなわち、経済市場においてその商品へのニーズがあることの観察→それを製作し販売するのは会社が必要という観察→その会社を立ち上げるために何が必要かをKとMが話し合う（相互作用レベルでの観察）、というプロセスである。そして、いったん活動し始めた会社は、相互作用→組織→機能システムという方向の作動プロセスを繰り返すが、その作動には、つねに、機能システム→組織→相互作用という観察プロセスが並行して存在している。

ネットワーク概念Aはネットワーク概念Bの原基であった。すなわち、ネットワーク概念Aは、相互作用・組織・全体社会（機能分化社会）の原基としてのネットワーク作用をさす。そして、ネットワーク概念Bは、それらのシステムに包括されない社会的システムをさす。さらに、ネットワーク概念Cは、それらの社会的システムが相互の観察ネットワークの中で作動するという事実を取り出す。すなわち、ネットワーク概念Cは、社会の作動にとって不可欠な契機である自己観察（自己記述）を「構想」という語で表現するものである。ネットワーク概念Aはネットワーク概念Bに対して形成的な関係であるの

表1　ネットワーク概念A・B・Cとシステムの関係

原基的ネットワーク	システム	個別ネットワーク	構想的ネットワーク
ネットワークA	機能システム	ネットワークBⅠ	ネットワークC
	組　　織	ネットワークBⅡ	
	相互作用		

に対して、ネットワーク概念Cはネットワーク概念Aとネットワーク概念Bに対してその作動を観察する、あるいは自己記述する関係である。

かくして、ネットワーク概念Cを取り出すことによって、今日われわれが目の前にしている「ネットワーク社会」が社会の自己観察の一つの形態であること、さらに、それをこれからの社会を「構想」するための概念として用いるという見通しが得られる。

ここまで述べてきたネットワーク概念A・B・Cをその相互関係においてまとめると、表1のようになる。

2　包摂・排除の社会的調整メカニズムとしてのネットワーク

それでは、ルーマンは、ネットワーク概念Cに基づいてどのような社会を「構想」したのだろうか。これからの社会を構想するうえで、ルーマンのネットワーク概念Cが独自なインプリケーションを持つのは、機能システムの包摂・排除と関わらせてネットワークを論じる場合である。

ルーマンが、ネットワーク概念を機能システムからの「排除」（Exklusion）と関連させて論じていることは、よく知られている。『社会の社会』では、機能システムのコードの適用が及ばない人的ネットワークが形成されている地域についての説明がある（GdG：1099）。これはまた、「インクルージョンとエクスクルージョン」論文（IE）においても詳しく論じられている。また、没後に刊行された『組織と決定』でも、開発途上地域におけるインフォーマルな「相互の支えと援助のネットワーク」が取り上げられている（OE：407）。

これまでのネットワーク論では、ルーマンがネットワークについて論じるこれらの例は、ネットワークが機能システムへの「寄生」的システムとして存在するというように解釈されてきた。また、しばしば非合法的な組織の形成とも関わらせて論じられてきた（Tacke 2000）。

たしかに、これらのネットワークは、機能システムやそのフォーマルな組織に入り込むことができない場合に形成されるという意味では、「寄生」的なものである。また、その限りで、それらの例はネットワーク概念ＢＩとしても解釈できる。

しかし、それらのネットワークが機能システムやフォーマルな組織からの「排除」によって形成されるものと見るとき、そこには、ネットワークの持つシステム形成の潜在力が働いていることが再び見出される。

そもそも機能システムやフォーマルな組織は、その形成段階において、すなわちネットワーク概念Ａの次元では、ネットワーク的にしか生じえなかった。また、それは、ネットワーク概念Ｂの次元においても、相互作用・組織・機能システム・（社会運動）はそれぞれＣＭＣ技術によってネットワーク化を加速させている。

このような社会的システムの形成（進化と分化）のプロセスは、単純に人々がそれらの社会システムに「包摂」(Inklusion) されるプロセスではない。そこから排除されるという事態が当然発生しうる。社会的システムへの包摂と排除は、表裏一体のプロセスとしてとらえるべきである。

このとき、「排除」は否定的な意味だけではなく、非システム的状態をさすニュートラルな意味を持つことになる。そこでは、システムと関係しつつ、そこに包摂されたり、排除されたりする流動的な状態が生じる(6)。本章では、そのような流動的な関係をさして「ネットワーク」概念Cをとらえたい。「インクルージョンとエクスクルージョン」論文におけるルーマンのつぎのような記述もこういう視点から読み直すことができる。

> ネットワークはみずから、人的な活動と決定のレヴェルで、インクルージョンとエクスクルージョンを使い分ける独自のメカニズムを駆使する (IE : 224)。

> ……ネットワークがはたらき、最終的にはインクルージョンとエクスクルージョンを分かつ決定を下すことが可能になる (IE : 225)。

この二つの引用が示すことは、ネットワークがエクスクルージョン領域だけで作動するのではなく、ネットワークの働き方や判断によって、インクルージョン領域に入るのか、エクスクルージョンに入るのかが決まるということである。ここから、ネットワークを、社会システムが作動するうえでの調整メカニズムとしてとらえる可能性を見てとることができる。

また、全体社会が自己記述の結果として、単に機能システム社会としてではなく、ネットワーク社会でもあることを認識するとき、ネットワーク概念はシステム社会の硬直性や排除性を反省する概念ともなる。すなわち、全体社会がネットワーク社会として自己準拠することは、意図的にシステム外部の視点を取り入れることになる。

これは、また、ネットワークを単に機能システムや組織システムにとっての残余概念としてとらえるのではなく、むしろ、相互作用・組織・社会（機能分化社会）が、明確な社会的システムの形をとるかとらないかの微妙な段階や過程を記述するための概念としてネットワークをとらえることにもなる(7)。

4　教育システムにとってネットワークとは？

ここまで、ルーマンのシステム論におけるネットワーク概念を再検討することにより、ネットワーク思考のインプリケーションを明らかにしてきた。そこでは、単にネットワークの活用という面だけでなく、ネットワークを現代社会の仕組みそのものと関わってとらえ直すことの必要性が示された。これらのインプリケーションを教育システムに置き換えることで、本章のまとめとしたい。

まず、教育システムは、社会全体のネットワーク化の進展とともに、それ自体ネットワーク性を視野に入れたシステム形成を行うことが必要となる。これには、ＣＭＣ技術の導入も含まれるが、それ以上に、教育システムにとって、その周辺で形成されるネットワークが「寄生」的なものではなく、また「補完」的なものでもないことに留意すべきである。ネットワークは、機能システムの周辺にあって、また、組織や相互作用の周辺にあって、包摂と排除の動的関係がたえず生じている空間である。システムは、システム／環境という区別、すなわち内部／外部という区別を自己に適用する。これに対して、ネットワークという視座は、システムの内部あるいは中心にいても、外部あるいは周辺を視野に入れるものである。

今日、現代社会は「格差」の拡大が進行している。それに対して教育システムは、格差拡大の要因となる一方で、格差を克服する手立てとしても有効であるという二重の意味で有意なシステムとなっている。このとき、教育システムの周辺で進行している「包摂／排除」のたえまない動きを視野に入れずには、教育システムは排除システムとしてしか機能しないだろう。

第二に、教育システムは、社会全体および各機能システムにおいて起こっていることを教えるシステムとして、その教育内容（カリキュラム）をネットワーク社会に対応したものにバージョン・アップする必要がある。すなわち、各教科において、ネットワークという観点がどのようにカリキュラム化、教材化されているかを探ることも必要となる。

最後に、教育システムは、「構想」としてのネットワークという意味で、子どもにネットワーク思考を育てる場となることが求められる。

ネットワーク論の代表的な知見の一つである「スモールワールド」論は、ネットワークを介して世界の人々が僅かな数の次元でつながっていることを示した（Watts 2003=2006）。だが、その論は、実証的な客観的記述に止まるならば、単に人々が間接的につながっているという事態を示すだけである。ネットワーク社会に生きるわれわれはその論を用いて行為し、コミュニケーションを行う。すなわち、スモールワールド論は、社会の自己記述の論として、それ自体再帰的にとらえられる。このとき、スモールワールド論は、人々の直接・間接のつながりのもっと先に、広大な社会・世界が存在していることについての想像を容易にさせるものである。その想像は単なる空想ではなく、これまでは現場に行かなければ感受できなかった現実について思い描き、それについてコミュニケーションする空間を広げるものである。

他方で、インターネットの急速な普及によって、「ビッグ・ワールド」とも呼べるネットワークが出現している。すなわち、Twitter や Instagram などのツールを用いれば、一人の人物が数千万人のフォロワーに瞬時にメッセージを伝えることができる。そこでは、場合によっては、小さな子どもでも、世界を動かすような発信力を持つことが技術的に可能である。学校は子どもたちにネットワークが持つこの可能性の功罪両面についても教えていく必要があるだろう。

教育システムは、このようなネットワーク思考を育てる場として、その教育内容だけでなく、その運営・経営自体もネットワーク化されるべきであろう。

第6章
システム論的リスク論から見た教育
――リスク社会のとらえ直しと教育の課題

1 「リスク」という概念

「リスク」は問題事象そのものではない。問題事象を社会的に処理可能にするために構築される社会的概念である。それは、一般に、「ハザード（懸念される事象）において推定される損失可能性」として定義される。すなわち、「リスク＝頻度（発生率）（A）×損失度合（B）」として示される。このとき、AとBの組合せによって、リスクは多様な形をとる。

たとえば、数千年年に一度という低い確率だが、大災害（disaster）＝カタストロフィ（人知を超えた災害）のリスクがある一方で、どの教室にもあって、通常は一過性の無視やいやがらせで終わる日常的なリスクとしての「いじめ」がある。

リスク概念をこのように定義するとき、懸念される事象であれば、何でもリスクになりうる。たとえば、「小学校から中学校に移行する際が学習意欲低下のリスクが最も高い時期」という言い方がなされる。あるいは、「将来、フリーターになるリスク」という言い方もできる。

A×Bの大きさは、金銭的に評価できる場合もあるが、心理的な要因があったり、また被害の長期化の要因も考慮しなければならず、一概には定まらない。したがって、「リスク」について論じるときには、それを取り出す主観の問題を避けて通ることができない。リスクは、ある懸念される事象を客観的・科学的に分析する姿勢と同時に、それを取り出す観察主体の姿勢をともに含んでいる。

リスクは、前者の客観的側面に注目するとき、ベック（Beck, U.）らの「安全／リスク（危険）」という図式で語られる。そして、後者の観察主体的側面に注目するときは、ルーマンのいう「リスク／危険」という図式が有効となる。

「安全／リスク（危険）」図式は、原発事故のように、巨大化・複雑化する技術が人間の手に負えなくなる場合や、巨大地震による被害可能性について語る場合に有効である。

これに対して、「リスク／危険」図式は、外部から迫る「危険」に対して、それぞれの主体がとる向かい合い方にリスクが発生すると考える。

巨大地震を例にあげるならば、前者の図式では、防災教育は、地震の恐ろしさやそれからいかに身を守るかといったことが中心となる。そこでは、市民（子ども）は「危険」に受け身的にさらされる存在として想定され、専門家が啓蒙的役割を果たす。これに対し、後者の図式では、そのような被害を想定

表1　リスク対応の２類型

	安全／リスク（危険）	リスク／危険
主　　体	大人（リーダー）の 指示待ち	自己判断 大人を説得する子ども
行動単位	集団行動	個別行動
時　　間	マニュアル行動 （想定・予期）	想定外の想定 （予期外の予期）
コミュニケーション	稀な危機時の統制的 コミュニケーション	日常的コミュニケー ションの延長
関　　係	統　　制	相互信頼
感　　情	恐　　怖	合理的不安

しながら自らがいかにその状況について判断・行為・コミュニケーションするかが問われる。災害は単に客観的に襲ってくるのではなく、日常生活の中でそれについて考え、コミュニケーションしてきたことの結果としてとらえ直される。

リスク教育において、この二つの図式はどちらとも有効である。だが、これまではどちらかというと前者に偏してきた。ところが、後者の図式の重要性を如実に示したのが、三・一一東日本大震災（二〇一一年）における経験であった。

すでに報道されているように、九九％の児童が生き残った釜石市の小学校が今回の大地震において教訓とすべき事例である。児童生徒に被災時は自主的に判断し避難することをふだんから教育していたことが、被害を最小限にくいとめた要因とされている（片田二〇一二）。

これに対して、多数の児童が犠牲になった宮城県O小学校では、ふだんから行っておくべき避難訓練がなされずに、実施済と報告されていた。また、震災直後の学校の判断の遅れが被害の拡大につながったとされる。

これを二類型として比較したのが、表1である。

表1の二類型は防災教育にだけ適用されるものではない。これからのリスク教育は、リスク事象について知識や技能を伝達するだけでなく、リスクとされる事象を社会的に制御可能＝コミュニケーション可能な事象にすることに向けて、そのコミュニケーション能力を形成することが課題となるだろう。

2　リスク社会と教育システム

1　教育システムにおけるリスク・コミュニケーションの重層性

教育システムでは、リスク・コミュニケーションを行ううえでいくつかの独自な困難さがある。それはまず、そこにおける意志決定主体の重層性と関わっている。自己決定可能性があるときにリスクが発生するというシステム論的なリスク概念に立つとき、教育システムでは、教育行政、教師、児童生徒、保護者のいずれもがリスク主体となりうるため、リスク・コミュニケーションが錯綜する。リスクについて自己決定するとき、自己決定可能の範囲は一義的には定まらず、また、内部／外部、主体／客体の区別が明確でない場合が多い。たとえば、校外学習で事故が起こったとき、それが教師の監督の不行き届きによるものなのか、あるいは子どもの不注意であったのか、あるいはそのどちらでもない天災であったのか、その線引きは一概にはできない。

また、その責任の所在は、教師と子どもの自己決定の範囲をどこまで認めているかによっても違ってくるだろう。

2　「希望」を語る教育システム

教育システムのリスク・コミュニケーションの困難さの第二は、教育システムがつねに「希望」を語るシステムであるというその固有性による。社会システムを構成する各機能システムは、それぞれが独自なメディアと動機づけシンボルを持っている。たとえば、経済システムは「貧／富」のメディアによってコミュニケーションを行い、それを持続するために「欲望」を作り出している。

教育システムの場合は、「良／否」がコミュニケーション・メディアとなり、子どもを「良い」方向に向けて成長させるために「希望」が語られる。

教育システムは「希望」を語るシステムであるという特質から、そこでは、ネガティブな事柄についてはできるだけ語ろうとしないという傾向が生まれる。「希望」が「挑戦」につながる場合もあるが、逆に、「失敗」を回避しようとして、現状維持や前例主義に陥る場合もある。

こういった教育システムの特質からもたらされる独自なシステム・リスクにも目を向けるべきであろう。すなわち、教育が「悪いこと」をなくすことをめざすとき、学校は必ず「良い」空間であり、「安全」な場所であるという思い込みが発生する。「いじめ」の場合に典型的に示されるように、「あってほしくないこと」についてのリスクは、教育システムでは「あってはならないこと」と見なされるだけでなく、「ありそうもないこと」となりがちである。社会や生活における負の側面について教えることは、

選択項目	回答数	10%　20%　30%　40%　50%
いじめ、不登校、学習不適応等、生徒指導の問題	382	45.7 (25.0)
防火、防災、非常災害時の対応	338	40.5 (8.7)
保護者への対応	322	38.6 (26.0)
登下校の安全	267	32.0 (34.8)
学校事故に対する組織的対応	252	30.2 (28.0)
教職員の心身の健康管理	179	21.4 (—)
指導が不適切な教員への対応	175	21.0 (21.8)

図1　全国の小学校校長の「危機意識・危機管理」の課題内容

注・括弧内は平成22年度の場合。
(出典・全国連合小学校長会調査研究部「管理職の職能に関する研修の問題（現職教育委員会調査3)」『全国連合小学校長会平成23年度研究紀要』2012年)

後回しにされる。あるいは、それにふれないことが暗黙の合意となる。さらには、学校への携帯電話持ち込みの禁止のように、学校を社会的葛藤から遠ざけようとする意向が働く。

ポジティブな希望についての実践が優先されがちな学校教育においては、リスク認知が弱くなるのではないだろうか。その場合、いったんハザードが発生すると、前述のO小学校のように、「不作為の過失」が問われることになる。

また、教育システムでは、「成功」した少数の実践に光が当てられ、「うまくいっていない」実践について語られることは少ない。民間研究団体での実践報告では、まだ「再生」「立ち直り」について語られることがあるが、官制研究団体の実践報告は特にこの傾向が顕著である。

「失敗」を恐れる風土からは、子どもを想定内の枠にはめ込むこと、すなわち、統制することが自明視されるようにもなる。

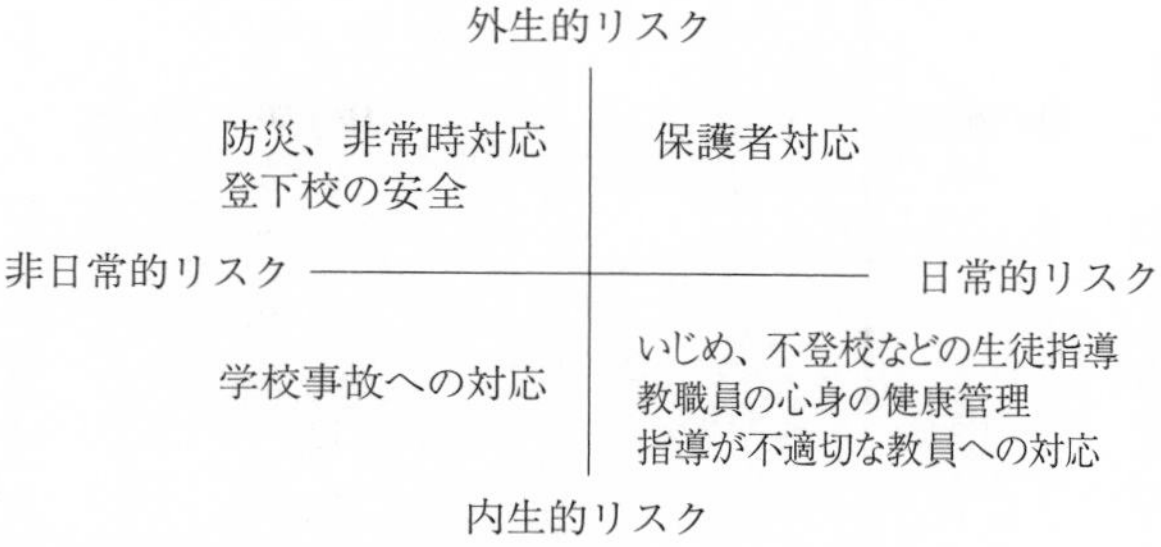

図２　学校リスクの４類型

３　聖域論と宿命論を超えて

近年、教育システムでは「危機管理」が強調されている。「危機管理」とは、教育システムが「失敗」しないためにとる組織防衛的措置のことである。図1は、全国の小学校校長に「危機意識・危機管理」の課題を尋ねた調査の結果である。

図1であげられているリスクはいくつかのタイプに分類できる。まず、教育システムが外部から侵害・攻撃される場合と、自らの内部の過誤によって事故・過失が引き起こされる場合が区別される。外生的リスクと内生的リスクの軸といってもよい。また、もう一つの軸として、事故対応に関する非日常的リスクと、日々の教育実践・教職生活に潜む日常的リスクに分けることができる。後者の日常的リスクは、教育実践・指導そのものが、児童生徒との関係において不確実さをはらむことによるものである。

外生／内生と非日常／日常というこの二つの軸をクロスさせることに

よって、学校が抱えるリスクは図2に示す四つの類型に分類できる。

前節で述べたように、これまで、学校には神聖かつ安全な空間というイメージが付与されていた。これは、教職を聖職視してきた歴史と無関係ではないだろう。近年問題となっているスクール・セクハラは、最近になって増えたというよりも、むしろ「神聖」な空間としての学校においてはありえないという思い込みによって隠ぺいされてきたと見るべきであろう。（図1の調査項目において、スクール・セクハラがあがっていないことは、まだその思い込みが払拭されていないとも解釈できる。）

このとき、学校に「危機管理」の発想を導入することは、「失敗」はありえないという立場から、「失敗」がありうるという立場への転換を意味する。

他方で、教育システムが実際には「失敗」するシステムであることについては、つぎのような見方がある。

たとえば、子どもは自己準拠的存在であるので、教育による内面統制は必ず失敗するという見方がある。このような悲観論に対しては、「成功」している実践がいくつもある。教育実践は、うまくいくこともあれば、失敗することもあるという現実を見るべきであろう。

また、教育システムが官僚的に組織化されるとき、そこには、それぞれの部署で戦略的に合理的な行為をとったとしても、意図せざる非合理的な結果がもたらされるという見方がある。これもまた、システム（組織）が不確定なふるまいによって失敗するのは必然であるという一般論になっている。

本節であげた学校聖域論と失敗宿命論は対極的であるが、二つとも学校の性質についての過度な一般化に基づいている。これに対して、リスク論は、組織を失敗に導かないように自ら判断する能動的な行為者を想定する。その行為者は、積極的に新しいことに「挑戦」するが、それが無謀な冒険とならないように、秤量し、他者とコミュニケーションする。その行為者は、リスク管理の中で、自己の感情と理性のバランスをとることが求められる。

4　リスクの不可視化

リスク概念において能動的な行為者を位置づけるとき、教育システムにとって最大のリスクは、「失敗」することではなく、「失敗」の処理に失敗することであるといえる。そのような事態に至るのは、システムの自己決定の範囲がどこまでなのかが見えなくなる場合であり、それはまた、システムの内部／外部の境界が見えなくことによって生起すると考えられる。

その事例としてあげられるのは、二〇一二年に社会問題化した大津の中学校生徒のいじめによる自殺事件への学校・教育行政の対応である。

「いじめ」は、全国で年間数十万件が認知されており、どの学校でも一定の確率で起こることを想定しておくべき事柄である。

ところが、同事件の場合は、藤原和博が指摘するように、教員集団の「隠蔽体質」や「事なかれ主義」の弊害が顕著に示されたケースである（『週刊朝日』二〇一二年八月二九日）。そして、その背後にあるのが、教員集団における強固な「親分‐子分関係」だとされる。いいかえると、教職世界が身内だけの世界になっている。すなわち、狭い内部世界に閉塞し、それによって外部が見えなくなっている。われわれは、これと同じ構図を福島の原発事故でも目にしている。原子力村と呼ばれる利害関係者のネットワークである。そこでは、小さな失敗があっても、馴れ合いの関係の中で、なかったことにされる。そのような相互の扶助関係によって、外部世界がいっそう視野から遠ざかる。そこでは、当然起こってしかるべき「失敗」が「失敗」として処理されずに、蓄積され、いったん例外的な事故が起こるときに、「失敗」の「失敗」として顕在化する。

システム境界が見えなくなることによってリスクが顕在化することのもう一つの例は、学級崩壊や新任教師の不適応問題に見てとることができる。それは、単に教師が学級運営に失敗することではない。学校村において失敗することは恥でもある。その失敗を一人で抱え込むことで自分が見えなくなり、さらに適切な自己管理ができなくなることによって、事態がどんどん悪化していく。ここでも、失敗に失敗することが起こっている。

3　リスク主体の形成――リスク教育の構図

子どもは自己決定主体であると同時に、まだ他者決定に従う存在である。このことから、リスク教育は二面的に行われることになる。すなわち、子どもが当事者として、リスクをめぐってコミュニケーションできる能力の形成と、危険にさらされる可能性についてのリスク・リテラシーの教育が同時になされるべきである。

さらに、リスク教育の担い手である教師についても、同様の二つの次元が区別される。日常的にリスク教育を実践することに向けては、リスクについての専門的知識の習得とその伝達についての技術が求められる。これに加えて、危機に際しては、教師自身も自己決定主体として判断・行為しなければならない。

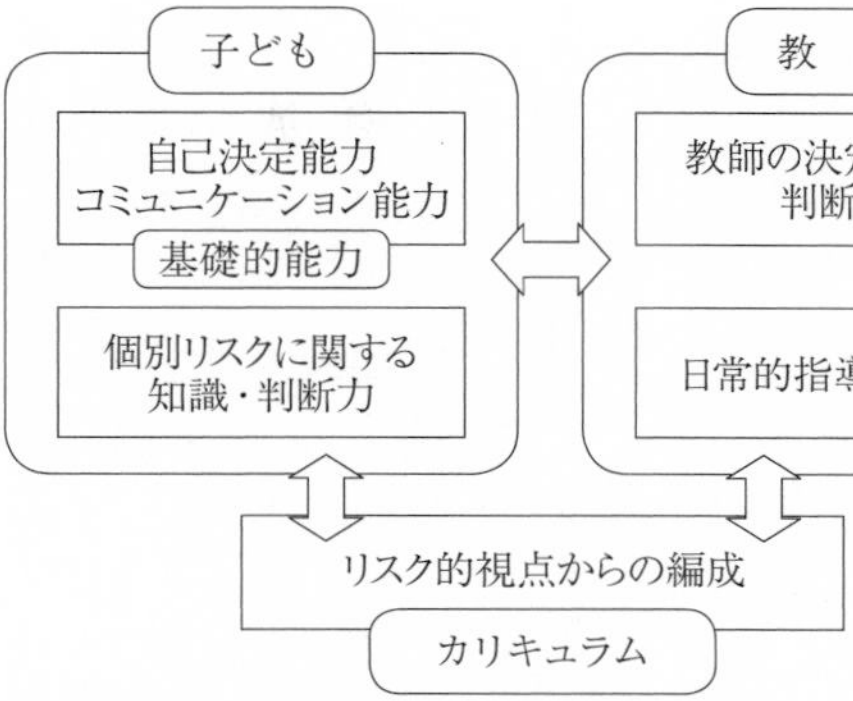

図３　リスク教育の構図

教師と子どもが共有すべき知識はカリキュラムである。それは、単に危機に関する知識を配列したものではなく、危機にいかに対処するのかについての教師と子どものコミュニケーション的関係を前提として編成することが求められる（図３）。

防災教育に限らずリスク教育は、それが成功したならば、想定していたハザードが起こらないという逆説を内包している。これは「予言の自己不成就」と呼ばれるものである。リスク教育が地道に取り組まれるほど、それは華々しい成果としては見えにくくなる。だが、本来のリスク教育はこういった日常的な教育コミュニケーションの中でこそなされるのではないだろうか。

では、リスク教育は教育全般の中でどのように位置づけることができるだろうか。「リスク」を「安全／リスク（危険）」図式において、「問題」事象についての教育としてとらえるならば、いかに重要なことを伝えるとしても、それは教育の主流になるとは思われない。それは、「不安」に基づく教育でもあるので、「希望」を語るシステムとしての教育にはそぐわないということができる。したがって、問題事象に関するリスクを伝えるとき、子どもにはその「不安」に打ち勝つだけの「希望」を持たせることが求められる。

これに対して、システム論的な「リスク」概念において、「リスク」を「リスク／危険」図式においてとらえるとき、「リスク」は、子どもが自己決定して未知のことに「挑戦」するという意味が含まれる。日本の子どもが「低意欲」であることは、いくつもの国際比較調査で示されているとおりである。この事態に対して、リスク教育は、日本の子どもが前向きになるきっかけを与えることができるかもしれない。いずれの場合のリスク教育においても、教育の基本が「希望」を語ることであることには変わりはない。

第7章

多文化教育とは?

1 「多文化」化の深化

「多文化」という言葉が日本社会で使われだしたのは、今から約三〇年前である。新聞記事(朝日・毎日・読売新聞)を検索すると、その語の浸透は、つぎの四つの段階に区分できる。

第Ⅰ期:一九八七年~一九九四年(年平均の使用頻度二六件)。
第Ⅱ期:一九九五年~二〇〇四年(二四七件)。
第Ⅲ期:二〇〇五年~二〇一四年(三四八件)。
第Ⅳ期:二〇一五年~二〇一八年(四一二件)。

これによると、「多文化」という言葉は、一九九〇年代後半に急速に広まり、二〇〇〇年代後半以降は漸増傾向にあり、一日に一回くらい新聞紙上で見るまでに、われわれの生活にしだいに浸透してきている。

この四時期はおおよそつぎのような特徴づけができる。

第Ⅰ期：欧米における多文化主義の高まりとその紹介
第Ⅱ期：新自由主義・グローバル化の流れとその軋轢
第Ⅲ期：中国を初めとするアジア・新興国の経済成長による交流の活発化
第Ⅳ期：途上国における内紛の激化による欧米への難民流入急増、日本では少子化による人手不足による外国人労働者の増加

このような変化は、日本社会の「多文化」化が、理念的な次元から、政治・経済的な次元へ、またさらに、生活それ自体の次元へと進んできていることを示している。

2　日本語習得の支援とは？

移住外国人の受け入れにおいて最も大きな柱の一つが、受け入れ国の言語の獲得の問題である。筆者はかつて、勤務先の大学の地域貢献活動の一環としての「外国人の子どもの学習支援」に関わっていた。そこの教室に来ている子どもは、言葉の不足から、しばしば緘黙状態を続けたり、あるいは粗暴な行動をとることがある。それらの状態から彼らの言葉にならないもどかしさを感じることができる。あるいは、来日後数年が経っていても、日本語を覚えることに消極的で、反抗的な態度をとる子どももいる。そして、このときわれわれが行う「支援」の意味もそこからとらえ直すことができると思われる。

その教室におけるわれわれの活動はまずは、学習支援であり、またその前提としての日本語の獲得の支援である。しかし、それだけでは彼らと「交わる」ことの意味は半分にとどまるだろう。

外国人の子どもの支援においてよく用いられる図式に、「日常言語／学習言語」という二分法がある。これは、彼らは来日後一年もしないうちに生活に必要な言語能力は獲得できるが、学校の授業で用いられる言語は別物であり、それが身についていないために低学力になり、しいては否定的なアイデンティティが形成されるという論である。そして、この図式に従って、彼らに学習言語あるいはより正確な日本語の習得がめざされることになる(1)。

だが、右にあげた彼らの状況は、そのような図式ではとらえきれない、「日常言語／学習言語」という図式を乗りこえていく必要を示している。

このように問題を立てたとき、その図式が想定している「言語」観が問われる。すなわち、「日常言語」は不自由ないが、「学習言語」に問題があるというときの「言語」は何を基準にしているのかということである。

そこでは、外国人の子どもは、日本社会での日常生活に適応できるだけでなく、学校生活にも適応すべき存在として想定されている。もちろん、日本社会で生きていくうえで、その二つの言語を獲得することは大事なことである。だが、それだけでは外国人の子どもは適応することを求められている客体にすぎない。「日常言語／学習言語」という図式で求められる彼らにとっての言語は、自らを表現するためのものではなく、適応能力があることを示すための手段でしかない。

彼らが「自分を語るための言語」は別の形で獲得される必要がある。そして、それは彼らが互いに共感できる仲間と語ることを通じてではないだろうか？　学校以外の場で彼らを支援する機会を持つことの意味は、学習言語の獲得のための支援にとどまらずに、彼らが互いに出会い語り合う場を用意することであると思われる。

そもそも、言葉を学びたいという欲求はどうして生まれるのだろうか？

それは、原初的には、自分にとって初めて愛する対象である（母）親とのコミュニケーションの必要からであろう。

ここにおいて、言語の起源は「愛」であることがわかる。外国語を学ぶ最上の方法は、その言葉を話す人と恋をすることだと言われることもあるが、これも同じことであろう。

ここからさらに、言葉を習得するには、まずその言葉を話す人を好きにならないといけないことがわかる。嫌いな人とはコミュニケーションをとるのも、嫌なはずである。

しかし、このような動機づけは、対人的なレベルにとどまる。

言語はもっと広い社会的な文脈でとらえなければならない。だが、その場合でも、前述の愛情原則は貫いているのではないだろうか？

つまり、言語は単に仕事のうえでの必要で学ばれるならば、（商売）「道具」にすぎず、その仕事が終わった時点で、不要になる。

ここにおいて、相手が話す言語を自分のものにしたいという欲求は、もっと高次のレベルで、その言語の背景にある「文化」への尊敬に根ざしていると思われる。

外国から来た人が日本語を話せるようになりたいと思うのは、単に仕事や生活の上での必要によるのではなく、日本の文化あるいはそれを育くんできたわれわれへの尊敬が得られるかどうかにかかっている。そして、このことは、彼らに日本語を習得してもらいたいという私たちの心性をも問うことになる。

日本語を「教える - 学ぶ」という関係は、一見すると、〈教える＝主体〉→〈学ぶ＝客体〉という関係のようである。

しかし、右に見たように、学習が実は、学ぶ側が主体なのであるとしたら、日本語を教える側であるわれわれは、学ばれる客体だということにもなるだろう。あるいは、これを愛情関係に置き換えるならば、学習者が教授者を愛しているだけでなく、教授者が学習者を愛して初めてこの関係は相互的で、持続することになる。

ここにおいて、外国から来た人は愛すべき人なのかどうかをわれわれは判断できるのか、という問題がある。学習教室に来る子どもの親の中には、母国で形成した一元的な価値にこだわる人も多い。経済的成功だけが目標の場合、子どもに対する期待もいびつになることが避けれない。

したがって、ここでも、対人的レベルと文化的なレベルを区別しないといけないだろう。すなわち、われわれの側でも、彼らの文化を尊敬できるかどうかという問題になる。

3　「多文化主義」再考

「多文化共生」という言葉は漠然としたイメージで何となく使っている面もある。ここでは改めて、「多文化共生」という概念について考えてみたい。

もともと、「多文化共生」という概念に不明瞭さがつきまとうのは避けられない。なぜなら、それは多様な文化が混沌として共存していることを示すものだからである。

さらに、ドイツやフランスの首相が「多文化主義は失敗した」と言明する事態が生じているように、その概念は今や逆風にもさらされている。

周知のように、欧米では一九八〇年代から、移民受け入れの政策として融和的な「多文化主義」を掲げてきた。それが、一連の宗教的テロ事件、あるいは経済危機による社会全体の格差拡大、難民の急増を受け、移民制限論に後退しているのが現状である。

欧米の動向から十年遅れるのが常の日本では、「多文化主義」は言葉あるいはスローガンとして認知されるようにはなったものの、まだ生活の感覚的なレベルで論議されるまでにはなっていない。

このように「多文化」という概念が力強さを失ってきているとき、改めてその意味内容を吟味する必要に迫られているといえよう。

「多文化」という概念を明確にするには、そもそも「文化」が何であるかを明示する必要がある。しかし、その「文化」概念自体が多義的である。

ある人は、それに「不変」性の意味を込める。その場合、複数の文化は互いに対立関係においてとらえられるだろう。

これとは違って、「文化」に「生活を豊かにする意味」を見出す立場もある。この場合、「文化」は「不変」ではなく、新しい意味が付け加わって、変化するものとなる。

この二つの「文化」概念のどちらが現実のものであるかは、文化自体が変遷してきていることからも明らかである。かつて変化しなかった文化などあるはずがない。それを「不変」と主張することには、ナショナリズムや人種主義、宗教的・性的原理主義など、別の意図が潜んでいる。場合によっては、先進国の下層階級が移民に仕事を奪われることの憎しみを表現するといった経済的利害も絡んでいるだろう。

「多文化主義」をとらえるには、文化概念からこういった夾雑物や投影を取り除かなければならない。そのとき、そこには、互いに影響し合って変化する文化という実像がえられるだろう。「多文化主義」の定義しづらさは、「多文化」という概念にもこのような「文化」概念の対立が持ち込まれることによる。しかし、「文化」概念を変化するものとしてとらえるとき、「多文化主義」は、まさに「文化」概念そのものと重なることになる。すなわち、「多文化」概念も、生活の中から生まれ、それによって変化していくという性格においてとらえるべきである。

このとき、このような文化像を体現しているのが、まさにニューカマーの子どもであることに気づく。大人はそれまでに形成してきた文化的背景から固定的な文化像を持ちがちだが、彼らは二つの文化の間にあって、いやがうえでも「多文化」的存在となる。

彼らは、多文化主義といった理念、あるいはそれを説く「多文化教育」の対象（客体）ではなく、多文化的主体そのものである。

われわれは、彼らに「文化」を押し付けるのではなく、彼らがどんな文化を選択し、そこに新しい意味を付加していくかを見るべきである。

さらに、ここにおいて、ニューカマーに対する教育のあり方の糸口も見えてくる。

日本においてニューカマーの子どもへの教育が「適応主義」であることは、これまでも指摘されている。すなわち、日本語を習得すること、それを通過したら学校生活に適応すること、さらには教科学習に支障がなくなることをめざしてきている。

だが、これは、実は、われわれが根強く抱いている教育文化あるいは学校文化の投影でもある。すなわち、日本の子どもに対して、学校への適応を求めるのと同型の要求である。「適応主義」への批判に対しては、日本社会で生活するからには、学校も例外ではなく、そういった要求に従うべきだという反論が返ってくる。

しかし、「文化」の意義は、「生活」に従うのではなく、逆に「生活」を超えていくところにある。もちろん、われわれには生活がかかっている。しかし、そのことゆえに生活が最高の価値を持つことにはならない。生活の中から結晶してきたもの、あるいは生活を超えたものが文化である。

ニューカマーの子どもへの教育、あるいは多文化教育は、「適応主義」として特徴づけられる日本の「学校文化」の見直しという課題とつながる。「適応」を迫るこれまでの日本の「学校文化」は、新しい意味を作り出すという本来の文化概念としてではなく、逆に、変化に抗する独自な空間を表示するものとして存在している。

尾木直樹がこのような日本の教育を「ガラパゴス」と呼ぶのも、むべなるかなである。彼はつぎのようにもいう。

一学年ごと六段階のステップで小学校のカリキュラムを組んでいくやり方（学年ごとにステップを踏んでいくやり方）は、子どもたちの能力差があるところに、全面的に押しつけるべきではないと思います。そうではなく、トータル六年間で、九九や読み書き、パソコンの操作や平均とはどういう意味なのだということについての「考え方のスキル」を身につけて卒業させるやり方を考え、実践していくべきです（「子どもたちの新しい人権のために　競争・格差・学力」『現代思想』二〇一二年四月号）。

筆者を含めて、現在の教育界に身を置く人は、ほとんどがこのようなカリキュラム観・学習観によって育ってきた人であろう。すなわち、学習とは、一歩一歩着実に積み上げていくものだという固定観念がある。

もちろん、日本はこのような学習観を徹底させることによって、強固な学習基盤を築いてきた。また、それを土台にして、高校受験・大学受験の体制が築かれてもいる。

尾木が提起するような、子どもに自分の学習の内容・方法を選択させるスタイルは、すでにオランダの小学校が実践しているものである。だが、このやり方に対しては、ニューカマーの子どもは、特に日本語学習の場合、そもそも自分にとっての課題が把握できないのではないかという反論があるかもしれない。

このような子どもに対しては、支援者が子どもと合意のうえでメニューを与えることを否定するものではない。これは、清水ら（二〇〇六）が「戦略的パターナリズム」と呼ぶものと重なる。しかし、ここで留意すべきは、そのようなパターナリスティックな姿勢は「戦略的」なのであって、けっして「本来的」なものではない、という点である。

また、機械的・反復的なドリルや学習法を子どもが自ら選択する場合もあるだろう。これは、子ども自身がそのような学習が自分にとって最善であると判断した場合であり、これもまた否定する必要はない。

いずれにせよ、「子どもの自発的意思に基づく」という点で多様な学習スタイルが判断されるべきであろう。

「多文化共生」とは、こういったわれわれの体質になっている「文化」を振り返り、超克するきっかけとして、ニューカマーの子どもと接することへの問いかけではないだろうか。

すでに述べたように、文化は生活を超えた地平に形成されるものである。そして、「多文化主義」とは「文化主義」の一種である。すなわち、生活を超えて結晶した文化に価値を見出すという思考形態である。われわれのめざす「多文化共生」あるいは「多文化主義」は、われわれの現実の生活を、またそれに浸潤されている教育文化を創り変えていくプロセスのことであろう。

4　多文化的存在としての子ども

「文化」の対象として見るとき、日本社会にとって「ニューカマーを受け入れるということ」と、「教育を受ける存在」としてニューカマーの子どもをどう受け入れるかということは違った意味を持っている。ただ日本社会にとって経済的な意味がある、あるいは少子化対策になるといった理由で受け入れると彼らは単なる「お客さん」になってしまう。そうでない、日本社会にとって新たな文化をもたらす可能性がある独自な教育的な価値ある存在として、彼らを位置づけ、われわれが受け止めることが必要であろう。

大人の場合は「条件付き」で、日本社会が彼らを受け入れたり受け入れなかったりすることはありえるが、第2章でも述べたように、子どもの場合はやはり無条件に受け止めなければならない。その「無条件」ということは実際には困難なことではあるが、学校の中で彼らと豊かな関係を築き、希望を持って語り、また、それを日本の子どもと共有する努力の中で、新たな教育的な価値が見えてきているのではないだろうか。

ニューカマーの子どもたちに、日本の学校で受け止められた、受け入れられた、あるいは寄り添ってもらえた、そういう経験を体感してもらう、それによって将来的にほかの国と日本がうまくやっていく基盤になると思われる。政治的にほかの国との関係が国家レベルで悪くなる場合も、それは市民間の関係と区別する必要がある。教育システムのなかで醸成された文化価値を担うとき、ニューカマーの子どもは長期的に日本社会にとって貴重な存在となる。

第8章 日本の教育システムの変化とグローバリゼーション

――イエモト組織の変化と教育・労働のカップリング

1　問題意識

一九八〇年代から世界を覆っているグローバル化については、つぎの二つの見方がある。一つは、それを、世界が均質的になる社会的過程としてとらえるものである。この見方においては、グローバル化は、端的にはアメリカ化でもある。そこでは、グローバル化は、経済システムによって主導され、国際間・国内間の経済格差の拡大を結果するものとしてとらえられる。また、それが教育格差を招き、さらにそれが世代間で階層格差を拡大させるという説明がなされる。

グローバル化についてのもう一つの見方は、それまで関係が希薄だった世界各地が交易関係に入り、人的交流も増すことによって「文明の衝突」が生じるとするものである。この見方では、グローバル化は文化・宗教圏間の相容れぬ紛争を招くことになる。

この二つの対立図式は、グローバル化の主役がエリートである点で共通している。すなわち、前者における主役は、華々しく活動する「グローバル・エリート」であり、後者では、各伝統文明の宗教指導者（イスラム教では「カリフ」「イマーム」）、インテリゲンチア（文化的指導者）あるいは王室指導者である。そこでは共に、格差によって日々の生活に追われる庶民が不在である。ここでいう「庶民」はグラムシ（Gramsci, A.）やスピヴァーグ（Spivak, G. C.）が述べる「サバルタン」ではないかもしれない。彼らは、一応その社会で市民として生活でき、コミュニケーションすることができる。だが、そのコミュニケーションと、エリートが導く政策・動向とのつながりは視界に入ってこない。

均質化／文明の衝突という二項対立のどちらかで語られるこれまでのグローバル化論は、グローバル化の本来の担い手であるそれぞれの国の市民（いわゆる中間層）を理論枠組みの中に位置づけてはこなかった。グローバル・エリートの華々しい活動や指導者の発言に目を奪われる分、市民レベルで起こっていることに目が向けられなくなる。

グローバル化をとらえるときの視野において市民が不在であることは、グローバル化によって各国の内部で進行している「格差」や、また、全世界規模で飛び火している紛争の前線で呻吟している庶民層が見えなくなる。そこでは、グローバル化は、フーコー（Foucault, M）がいうような「見えない権力」によって、あるいは、ヘーゲル（Hegel, G. W. F.）の「絶対精神」によって突き動かされているかのように扱われる。

グローバル化現象は、一方における経済規定論と他方での文化・宗教規定論による説明ではなく、各個別社会における市民生活レベルからとらえ直す必要がある。そのとき、理論枠組みとして本章が依拠するのは、やはりルーマンの世界システム論（世界社会論）である。なぜなら、ルーマンのシステム論では、分析単位は国民国家ではなく、機能システムだからである。また、機能システムを構成する単位は行為ではなく、コミュニケーションとなるからである。ルーマンのシステム論では、グローバル化は機能システムを通じて展開されるコミュニケーションの世界的拡張として見られる(1)。

ルーマンの世界システム論では、市民の日常的な生活のレベルで、機能システムにおけるコミュニケーションによってグローバル化が進行している事実がとらえられる。すなわち、グローバル化を、全世界に拡張する機能システムのコミュニケーションの文化差もとらえ直すことができる。

このとき、教育システムも全世界的な広がりの中で交わされるコミュニケーション・システムとしてとらえられる。ＰＩＳＡなどの国際学力テストをめぐる競争はその一例である。他方で、そのコミュニケーションは、一定の空間内で交わされてもいる。そのとき、日常的なコミュニケーションは国民国家の枠とほぼ一致する。そして、その範囲内で個別の機能システムのコミュニケーションも国単位で独自になされるだろう。すなわち、それらのコミュニケーションの総体が、共通の「記憶」（文化）を持つとき、空間的に一つの独自な閉じたシステムが存在する（GdG：653-672）。

本章は、グローバル化における各国の独自性・個別性に注目するものである。構築主義の立場に立つルーマンのシステム論を用いることによって、国民国家の枠ではなく、文化圏の枠で各システムを比較することが可能となる。このとき、本章では、東アジア文化圏というシステムを取り出し、さらに、その内部で、日本文化圏という下位システムを取り出して考察する。

グローバル化は、一面では、世界をすべて均質なシステムに向かわせる動向であるが、同時に、そこには各文化圏の独自性が見られる（Chiang, T-H. 2010）その独自性を考慮しないとき、グローバル化について平板な見方しかできなくなるだろう。

グローバル化がもたらす社会変化において文化が果たす役割が無視できないことは、単に伝統の残存によるものではなく、むしろそれに積極的な意味が再発見されることによる。

そもそも、「伝統社会」「近代社会」は時間概念による社会の時期区分である。これに対して、「グローバル化」という概念は、空間的概念である。そこでのコミュニケーションは、時間の流れ＝歴史によるコミュニケーションではなく、空間的な差異を超えていこうとする。これはインターネットにおけるコミュニケーションが如実に示すとおりである。

空間的に拡散するコミュニケーションは、互いをつなぎとめることができるメディアを必要とする。コミュニケーションが意味あるものとして反復されるのは、一定の時間を経ても再確認できるメディアによって可能となる。また、コミュニケーションは蓄積によって集合的な意味を持つことができる。あるいは、過去の情報の集積に付け加わったり、それを変容させるときに独自な意味が生まれる。ギデンズは、ポスト近代社会では伝統の自明性が失われるが、伝統がなくなるのではなく、再帰的に意味づけられるという。つまり、その社会システムの機能化にとっての新たな意味が付与される（Giddens

1990=1993)。

グローバル化は、伝統文化に基づく既存のシステム（社会構造）の解体のプロセスであると同時に、その文化を再発見し、新しい社会形成においてそれを用いるプロセスでもある。では、その変化のプロセスに教育システムはどう対応しているのだろうか。

教育システムはグローバル化において、つぎのような二つの矛盾する立場に置かれている。

一方では、教育システムに対しては、グローバル化を推進する役割が期待されている。グローバル社会は、同時に「知識基盤社会」でもある。各国がこぞって自国の子どもの学力を向上させようとしているのは、グローバル化した世界において共通に求められるリテラシーの獲得のためである（OECD 2005)。

教育に対するもう一つの期待は、各国の社会の歴史的文化的原型を伝えるという役割である。この役割においては、教育システムは保守的な役割を演じることになる。それは、一見するとグローバル化にブレーキをかけるように見えることもある。だが、すでに述べたように、それは各国の社会システムをグローバル化に適合させようとする試みとしてとらえることができる。

次節以下では、日本の文化的伝統にそって、この矛盾する両面における教育システムとグローバル化の関係を具体的に探ってみる。

2　東アジア文化圏の中の日本

1　文化的伝統と教育システム

教育システムは、その社会の記憶を伝えるシステムである。だが、それは単にその社会の保守のためではない。それは、その社会が変動にするにあたり、過去の「文化原型」（記憶）を時代に対応しながら改編し、次世代に伝える。また、その作業を通じて、教育システムそれ自体も改革される。

すでに指摘されているように、グローバル化は、世界の一面的な均質化ではなく、各国の間で独自なアイデンティティの再発見をもたらす（Smith 1991=1998）。いいかえると、国としての自己準拠性が強まる。さもなければ、国としての存在意味が見失われる。グローバル化によって、世界は一つのシステムとして、コミュニケーションや活動を展開する。その中で、各国はそれが一つの「政体」（polity）としての「まとまり」を保つために、自国を他国から差異化しなければならない。しかし、ヨプケ（Joppke 2010=2013）が述べるように、グローバル化したリベラルな国ほど、価値の多元性を保証するために、「自由・平等」という、普遍的だが陳腐なアイデンティティしか主張できなくなる。このような表側のアイデンティティとは区別されて、各国が互いに独自であることをわからせることができるのが、それぞれの文化的伝統である。ここで「文化的伝統」とは、各国の機能システムのコミュニケーションがその上で交わされる基盤のことである。ギデンズは伝統が新たな意味を付与されることを強調したが、それは、「語られない」がゆえに規定力を持つという潜在的作用においてであろう。教育システムは、それぞれの国の固有の伝統・文化を次世代に伝える役割を果たすとともに、それ自体がその社会の文化構造に組み込まれている。そのため、教育システムは、他のシステムに比べて、文化的基盤に立脚する比重が高いシステムである。

グローバル化した世界において、教育システムは均質化する面もある（Meyer & Kamens 1992）それと同時に、教育システムは、「想像の共同体」（Anderson, B.）を作る機能を負うために、その国特有の文化を投影する。その場合、教育システムは、短中期的な観点からその文化遺産に再準拠してコミュニケーションを行うだけでなく、過去の文化的遺産が教育システムを規定する面も大きい。

2　儒教価値の日本的変容

日本・中国・韓国の東アジア三か国は儒教文明圏で、一定の親近感があり、また漢字圏として文化的土台を共有している。だが、その三か国の間では必ずしも「われわれ」意識は形成されていない。セン（Sen 2006）がいうように、それぞれの文明は、その中に異質なものを取り込みながら発展してきた。日本・中国・韓国は、バーガー（Berger 1984）が述べるように、儒教、仏教、民俗宗教が共存する社会でもある。アジアが文明として差異づけられるとしても、その歴史は多元的社会として形成されるプロセスであった。また、それによって近代化への離陸にも違いがあった。

日本・中国・韓国は儒教を共通文化としつつ、それぞれの内部で、それぞれの社会に見合った形でそれを変質させてきた。日本は、儒教の教義の解釈と受容において、中国および韓国と類縁性を持ちつつも、地理的条件からその教えを独自に改変してきた。

たとえば、それぞれの国において最高とされる価値が異なる。すなわち、中国＝仁・礼、韓国＝孝、日本＝忠を強調するという違いがある。

また、個別の価値をとってみても、その意味はかなり違っている。たとえば、森嶋（二〇〇四）によれば、「忠」という価値は、もともと中国では、「家来は自分の良心にそむかぬ誠実さをもって君主に仕えるべきだ」と解釈されてきた。すなわち、君主に遠慮することなく諫言できる臣下が真の忠臣とされる。その場合、不徳な王であれば、別な王を立ててもよいことになる。これに対して、一統性が重視される日本では「忠」は、どんな君主であれ、「家来は君主に身を捧げるべきだ」と解釈されてきた。

また、日本では「忠」は「孝」に優先する価値としてとらえられているが、韓国では逆である。たとえば、つぎのような例をあげることができる。

朝鮮朝実録には「王がある臣下に任地に赴けと命じたが、その臣下は母の喪中ゆえ行かれないと答えたので、王はどうすることもできなかった」と記録されている。すなわち、朝鮮朝では孝が忠を牽制する役割を果したのに対して、江戸時代では忠は孝より先に守らなければならない徳目であったといえる（李 一九九三）。

もちろん、日本でも「孝」は重要視される価値である。だが、日本では、親に対する「孝」は、親が自分を養育してくれたことに対して「恩」を感じることから発生する、いわば条件付の価値である。これに対して、朝鮮における「孝」は、親はどんな存在であっても、子どもは従わなければならない対象であるという点で、無条件的な価値である。「中国の儒教においては、親の慈と子の孝とはそれぞれ義務であっても相互に独立した義務であって、内的に他を条件付けるという関係には立ってない」(李一九九三)とも指摘されている。この意味で、韓国の「孝」は中国のそれに近い。

中国・韓国が「忠」よりも「孝」を重視するのに対して、日本において「忠」が「孝」に優先することは、支配の連続性を可能にする条件となる。

これは、いわゆる日本型組織の形成にもつながっている。それは、上位の命令に無条件に服する組織である。中国・韓国の官僚制においては、同族への配慮によって合理性が失われるのに対し、日本の官僚組織は、上位の命令が末端まで貫徹しやすい(2)。

ところが、日本型の組織は、「孝」を二次的価値とすることで疑似的な家族的組織の性格も持つことになる。すなわち、「忠」と「孝」を組み合わせることによって、日本の組織は「家族的経営」によって維持されることが可能となる。

3　イエモト組織

このような二重の独自性を持つ日本型組織は「イエモト」とも呼ばれる。日本の社会構造を「イエモト」によって特徴づける代表的な論として、シュー（Shu, F. L. K.）の研究がある。彼は「イエモト」についてつぎのように説明している。

イエモトは、多数の分枝団体から成り立つ一つの団体である。この点は、集団への個人単位の加入が原則となっている中国の親族集団と対照的である。首位イエモトは、分枝イエモトに対して極端なまでに服従を命ずるが、前者が、後者に属する内部的な事がらに干渉することはない（Shu 1963=1971：319）。

シューはこの組織形態を、中国的親族原理（kinship principle）と西欧的契約原理（contract principle）の中間にある縁〈約〉原理（kin-tract principle）と呼んだ。日本が「忠孝」の儒教的価値を独自に変質させたのは、このような「イエモト」的な社会構造・組織に適合させるためであったと考えられる。

日本では、教育行政もイエモト的な組織によって営まれてきている。すなわち、文部科学省を頂点（宗家）とし、それが各都道府県の教育委員会を束ね、さらに都道府県の教育委員会は、各市町村の教育委員会を管轄するという組織形態がそれである。このようなヒエラルヒー的な組織形態はどの国の官僚制でも見られるが、日本のそれは、「忠」価値を備えることで、上位の指示を待ち、それを「忠」実に遂行することが当然とされる。さらに、日本の組織には、職務遂行が、職員間に「集団的一体性をつくり出す」ことによってなされるという特質が備わる（伊藤 一九七九）この二つの側面を合わせ持つことによって、日本の学校組織は教育委員会の指示に従い、校長は家長的な管理職として、教員同士を家族的なヨコの同僚関係でまとめてきた。それは、国内での同質的な教育条件を出現させ、均質的な学力水準を実現させることに寄与した。他方で、この特質ゆえに、それぞれの地域の教育の独自性や、個人的創意の発揮が損なわれてきた。

次節では、日本の教育システムを例にとり、一九八〇年代以降の教育改革がそれまでの社会的基盤としてあった文化的伝統の解体と同時に進行したことを見ていきたい。

3　日本の社会変化と「ゆとり教育」前後の教育世論

日本は、一九八〇年代後半にそれまでの教育方針を転換し、詰め込み主義から「ゆとり教育」と呼ばれる路線を採用した。ただし、この転換は一気になされたのではない。日本の教育政策は立案から実施までおおよそ一〇年をかけるが、「ゆとり教育」もその例外ではなく、すでに一九七〇年代後半からその方向を打ち出し、徐々にその方向転換がなされてきた。

「ゆとり教育」の路線が採用されたのは、それまでの学校教育が、暗記偏重・偏差値による選別としてなされてきたことへの批判に応えるという面があった。すなわち、日本では、一九八〇年代半ば以前に、教育への不満がかなり高まっていた。

それと同時に、当時の経済界には、これからの世界経済の自由化とグローバル化を見据え、それに適合できる人材の育成をはかることの必要性が認識されていた（経済同友会 一九八九、一九九五）。すなわち、それまでの教育では、創意を求めるこれからの経済活動を担う人材が育たないという危機感があった。

「ゆとり教育」はこのような国民側と経済システム側の認識が交差する点において、戦後で最も抜本的な教育改革となった。システム論的にいえば、教育システムにおけるコミュニケーションと経済システムにおけるコミュニケーションが「カップリング」されたことによって可能となった(3)。

しかし、「ゆとり教育」は二〇〇〇年以降、実質的に「学力重視」の路線に変更がなされた。本章では、ゆとり教育導入の時点から、その変質を経て、今日に至るまでのプロセスを、日本社会がグローバル化の波を受けていくプロセスと重ね合わせて考察する。

そのとき、教育システム内部でのコミュニケーションはどのようなものだったのだろうか。ここでは、読売新聞が一九八五年から継続的に行ってきた教育世論調査を参考にする。これは、この三〇年間の日本国民の教育に対する姿勢を探るのに好適な調査である(4)。教育システムに関する市民のコミュニケーションの一般的なレベルがそこで測られるからである。

図1は、その調査において、日本の教育全般に対する満足・不満を尋ねた結果である(5)。これによると、日本では教育に対する「満足」が「不満」を上回ったことはない。だが、一九九〇年代半ばに教育への「不満」がいったん四四％まで低下し「満足」と拮抗したことがわかる。これは、「ゆとり教

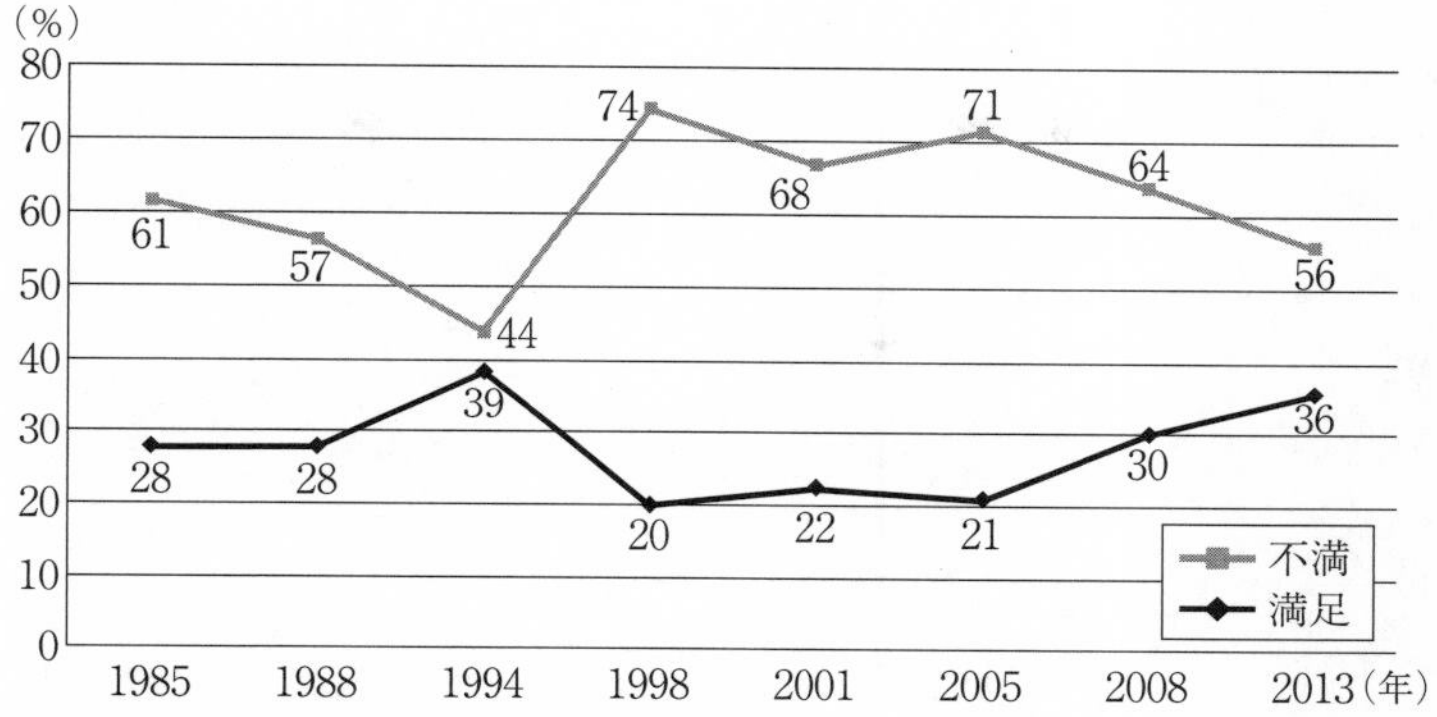

図１　教育に対する満足・不満

（出典・読売新聞教育世論調査各年の結果から）

育」路線が一九九〇年代前半までは国民に受け入れられたことを示している。

ところが、一九九八年になると、教育に対する不満は、一挙に七四％までに高まる。そして、その不満は二〇〇五年まで七〇％前後を維持した後、ゆるやかに低下していくことが見てとれる。

ここから、一九八五年以降の日本国民の教育に対する不満はつぎの三つの段階に分けてとらえることができる。

Ⅰ期：一九八五年〜一九九七年：ゆるやかな低下
Ⅱ期：一九九八年〜二〇〇五年：急速な高まりと維持
Ⅲ期：二〇〇六年〜　　　　　：ゆるやかな低下

では、このような変化は何によってもたらされたのだろうか。同調査では、「不満」の内容についても具体的な項目をあげて尋ねている(6)。それを示した図２から、「学力」への不満について、つぎのような変化と特徴を読み取

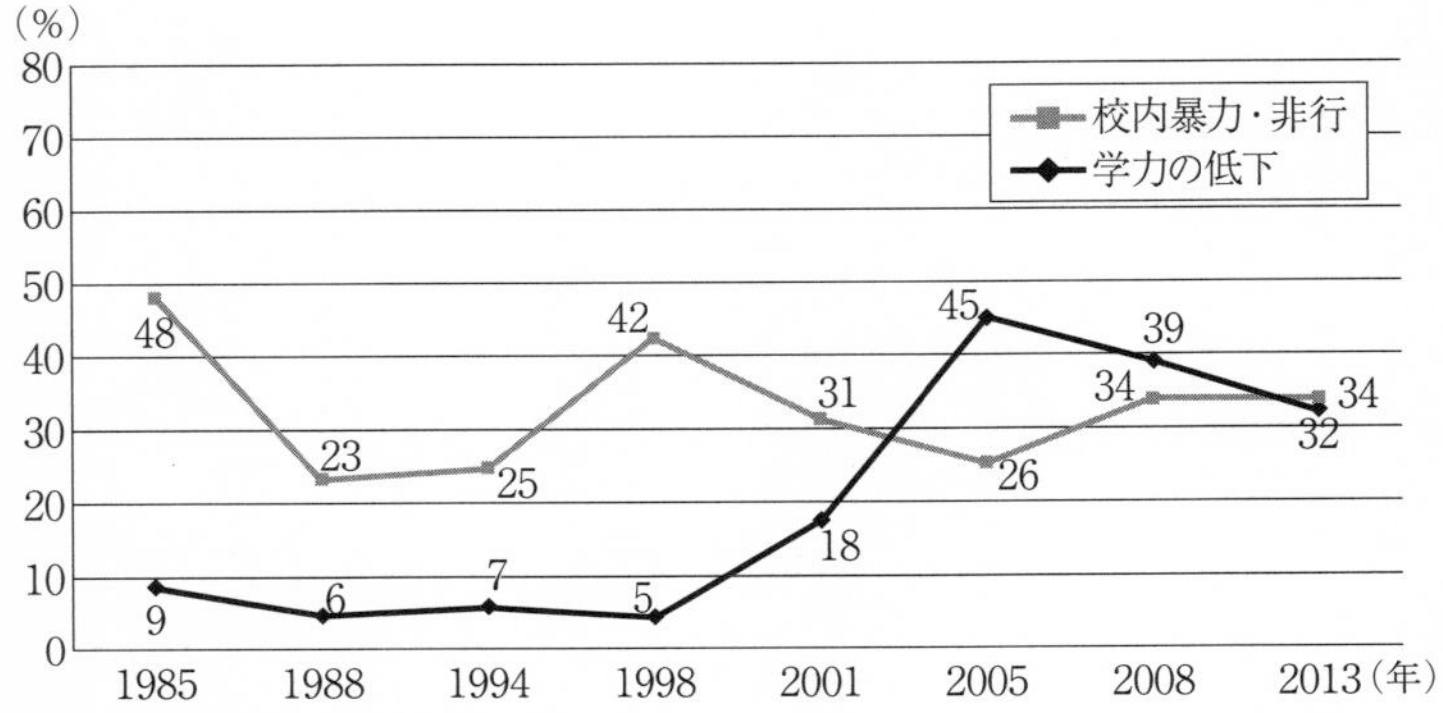

図２　「教育への不満」の変化

(出典・読売新聞教育世論調査各年の結果から)

ることができる。

Ⅰ期〜Ⅱ期――この期間の前半には「校内暴力・非行」の不満項目が四八％から二五％に低下していたのが、一九九八年には四二％へと再上昇している。他方で、不満の内容で「学力低下」をあげた人は五％にとどまっている。すなわち、一九九八年における教育不満は、まだ「学力低下」への不満、すなわち「ゆとり教育」への不満ではなかった(7)。

Ⅱ期――学力問題が社会問題となったのは、二〇〇一年〜二〇〇三年にかけてであった。世論調査においても、二〇〇五年に「学力低下」不満が四五％とピークを迎えたことが確認できる。

Ⅱ期〜Ⅲ期――「学力低下」不満がゆるやかに減少し、「学力低下」不満に歯止めがかかったことがうかがえる。

「教育不満」の変化は、大まかにいえば、一九九八年以前は問題行動要因によって説明されるのに対し、同年以降は学力要因によるものと解釈ができる。この解釈は、教育システムの内部要因だけで説明するものである。ところが、教育不満は教育システムの外部要因、とりわけ経済システムの変化とも関連していると思われる。これは、つぎのような要因による。

1　一般に、世論調査の結果には、大きな社会的出来事が影響して、実際以上の不安が投影される場合がある。これは、バンドワゴン効果とも呼ばれる。

2　社会が抱える問題を未来に投影するとき、教育による解決が期待される。いいかえれば、何か問題が起こったとき、それは教育が不十分だったからだということになる。これによって、教育の世論意識においてはバンドワゴン効果がより大きくなると予想される(8)。

ここで、教育不満が教育内部的要因だけではなく、外部の社会的不満要因とも強く相関していることの例証として、それが自殺率と強く相関しているグラフを示す。図3から、読売調査の教育不満の率と、三五〜五四歳男性の一九九八年を一〇〇としたときの自殺者数がほぼ同じ形を描いていることがわかる。ここで三五〜五四歳男性のデータを用いているのは、その年代が子育て世代であり、教育不満との相関が高い年齢層であると思われるからである。自殺率は、デュルケームを引くまでもなく、社会的現象である。図3のグラフは、その期間の教育不満を解釈するには、日本社会の社会変動と関わらせることの必要性を示している。

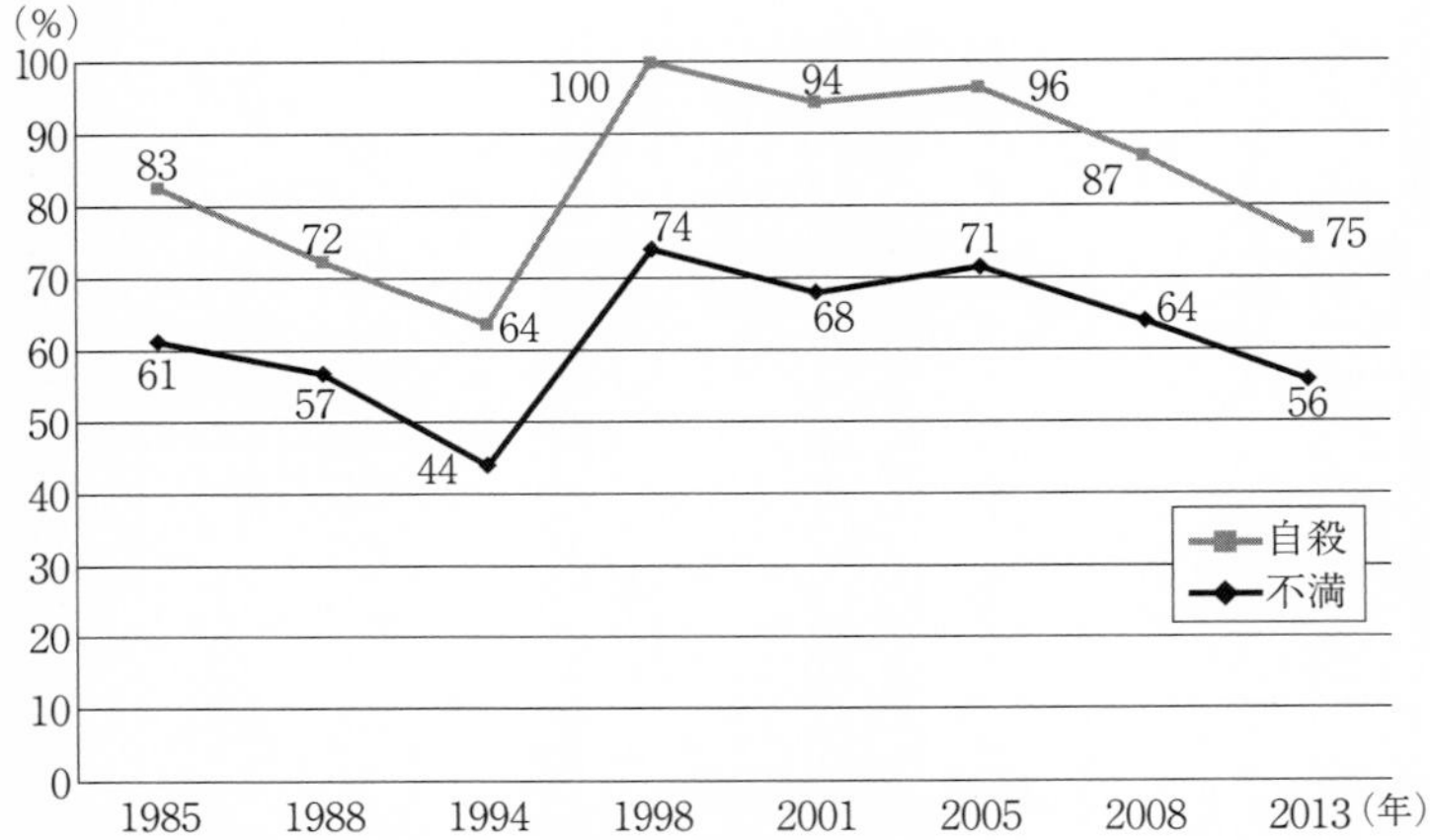

図３　「教育への不満」と自殺者数との関係

注・「教育への不満」は図1と同じ割合である。自殺者数は、1998年を100としたときの35〜54歳男性の割合である。
(出典・厚生労働省 各年度「人口動態統計」)

自殺率が最も高まった一九九八年は、その前年から大型倒産が相次ぎ、バブル崩壊後の不況が最も深刻化した年である。また、失業率が過去最高を記録した年でもある。日本社会は、一九八五年の労働者派遣法の制定以来、労働力自由化政策を強めてきたが、一九九八年の自殺者の多さは不況による社会不安が加速されていることを示すものである。

世論調査で示される教育不満は、教育システム内部の問題として説明されるよりも、もっとマクロな日本社会の変動によるものであることが推測される。すなわち、各時点での教育不満の理由として、「校内暴力」とか「学力低下」があげられるが、それは事後的な理由づけであって、基本的にはより広い社会的不満の従属変数であるとも考えられる(9)。したがって、ゆとり教育から学力重視への教育政策決定も、社会変化の長期的見通しに基づくだけでなく、その時点での世論における教育への期待や不満を反映していると考えられる(10)。

4　伝統的な社会システムの解体と教育システム

前節で見たように、日本における教育不満の変化は、子育て世代の成人男性自殺者数とほぼ相関している。そして、成人男性の自殺率は失業率との相関が最も高いことも、これまでの研究からわかっている(11)。したがって、本章が扱っている一九八〇年代半ば以降の日本の教育変化は、その時々の個別の教育不満要因に還元して説明するよりも、日本社会の労働構造の変化と関連させてとらえる必要があると思われる。とりわけ、一九八五年に始まった、正規雇用から非正規雇用への労働力のシフトと関連させてとらえる必要がある(12)。

このとき、一九八五年以降の日本における教育と労働の変化は、本章第2節で示した日本の特有な組織形態としての「イエモト」制度の解体と関連させてとらえることができる。

イエモト制度は、「組織自体の存続発展に集団員がまとまって努力する共同体」であって、必ずしも直系の血縁を最優先させるものではない（加藤 二〇〇九）。このイエモト制度を原型として、たとえば、日本の会社は、「親会社・子会社」という言葉が示すように、縦につながるケイレツ関係を形成してきた。また、そこにおける雇用関係も、いったん会社に入職すると、「うちの会社」というような家族的会社風土において、生涯にわたって雇用され、年功によって昇進していくシステムがとられてきた。ところが、一九八〇年代後半からの労働力の流動化・非正規雇用化によって、雇用関係は不安定なものになった。非正規化の流れは世界的に進行したものだが、日本におけるその影響は社会構造そのものを解体させるほどの影響を伴った。すなわち、企業間の伝統的なケイレツ関係が消滅し、各企業はグローバルな競争に直接さらされるようになった。また、企業の庇護から離れた日本の労働者は、他国に比べてより強い不安にさらされたと思われる(13)。

イエモト制度的な労働関係の解体は教育においても、つぎのような影響を及ぼしたと考えられる。

1　イエモト的社会においては宗家の家主への「忠誠」が最も重視されるが、教育システムにおいては、教師の権威を自明視する教師生徒関係にも反映されていた。その関係の例は、専制的な直接支配ではなく、学級の中に、班（分家）を組織し、その班長（分家の家主）を通じて統制するという形態において示される。そこでは、学校・学級・班への所属意識が強調され、生徒は共同体的な帰属感を持つことができた。一九九七年から社会問題にもなった「学級崩壊」現象は、単に教師の権威が自明視されなくなっただけでなく、このようなイエモト・システムが解体したことにもよると考えられる。

2　イエモト制度の解体は、それと同型に形成されていた公教育への不信としても進んだ。すなわち、文部科学省を頂点として、日本全国を一律に統制してきた教育行政への不信が進み、特に都市部において「公立離れ」が起こった。

たとえば、二〇〇七年には、首都圏（一都三県）で私立中学を受験する児童の割合は、一九八七年の七・九％から一六・九％へと倍増した。それは、いじめなどの問題に柔軟に対応できない公立学校への不信の表明でもあった。

3　非正規労働の増大は、同時に格差拡大をもたらし、それによって社会的に「排除」されることへの不安が広がった。学校における生徒間の関係としては、子どもたちの間に、「ハイパーメリトクラシー」社会が求める高度なコミュニケーション能力によって新たな序列化が進行し、コミュニケーション能力が豊かなエリートが学級を支配する「スクール・カースト」が形成された（鈴木 二〇一二）そこでは、集団の「空気」に同調することによって、排除を回避するという性向が発達し、そのストラテジーを持てない子どもは「いじめ」のターゲットとなった。

5　まとめ

グローバル化と教育の関係は、教育改革の政策決定のマクロなレベルで論じられがちである。本章では、システム論の視点に立って、それを市民間のコミュニケーションのレベルでとらえ直すことを試みた。それは、グローバル化が市民生活のレベルで進行していることをとらえるための理論的視座を与えるものである。

日本における一九八〇年代半ばからの教育改革はグローバル化の流れが到来することを見据えてはいたが、その後にくる日本社会の構造変動、とりわけ労働・雇用の自由化がもたらす負の作用までを視野に入れたものではなかった。一九九〇年を頂点とする教育不満の高まりは、国民の間に醸成された全般的な社会的不満と共鳴することで、いっそう強まったと考えられる。また、「学力低下」という不満内容においても、それは必ずしも実態を反映したものではなかった。教育不満に発する教育システムにおけるコミュニケーションは、単に教育システム内部の問題だけに還元することはできない。それは、失業率の増減などの経済的要因を反映したものとなっている。それは、教育システムと経済システムとの意識レベルでのカップリングの一例としてもとらえることができる。

そのようなカップリングが強まったのは、一九八〇年代半ば以降のグローバル化に準拠した日本社会の変化が、短期的な変動ではなく、それまでの社会関係の基礎となっていた伝統的なイエモト原理を根底から揺るがすものでもあったからである。

すなわち、教育システム内で起こった学級内の教師・生徒関係、生徒間関係の変化と、労働システムで進行した非正規労働化、年功序列制度の解体は同一の要因で進行したと考えられる。

グローバル化は様々な歪をもたらしているが、その流れは今後も押しとどめることができないと思われる。そのとき、教育システムがその流れに対応するには、教育システム内部の要因だけに目を向けるのではなく、広い社会変化、とりわけ労働の変化を視野に入れる必要がある。

グローバル化は世界を均質化する流れであるが、各国がその中で生き残るには、いかに独自なスタンスをとれるかが鍵となると考えられる。

一九九〇年代以降の日本社会は、日本社会の伝統的な「イエモト」的関係も崩してしまったが、その影響は教育システムの内部にも浸透していると考えられる。すなわち、伝統的な職業技能形成と親和的であった教授・学習スタイルの土台を崩す作用をもたらしている。

グローバル化のかけ声の中で、リテラシーやコミュニケーション能力の向上に目が奪われがちであるが、それが、日本の伝統的かつ独自な職業文化・教育文化と切り離される形で進行するならば、グローバルな世界での日本の独自性を失わせることになると思われる。なぜなら、文化がその社会（Gesell-schaft）にとって、「世界を描出するための、固定された表現形式」（GdG：1179）であるとき、経済システムと教育システムにまたがる社会変化は、その社会の文化の変動と連動して可能となるからである。

第9章

戦争・テロと教育システム

──「希望」を語るシステム

「戦争・テロ」を語るとき、歯に衣を着せずにそれを否定する立場で語ることができるかどうかは、その社会の平和度を計る指標でもあろう。

だが、「戦争・テロ」について語るのに、実際の脅威あるいはその影の拡大を感じさせるのが日本の状況である。たしかに、日本は七〇年間にわたって、「戦後」という語を使用できてきた。その意味では「平和な社会」であることに誇りを持ってよいかもしれない。しかし、近年の近隣諸国との外交関係の悪化が示すように、平和度が低下しているのは事実である。

「戦争・テロ」は相手を武力で屈服させようとする社会的行為であるが、それを社会的に無前提に否定できるのは、それがコミュニケーションを否定するコミュニケーションだからである。戦争は、かつては国家間の外交の延長として、一種の政治的コミュニケーションとしての意味もあった。だが、今日では、それは「勝者も敗者もないエコロジカルなカタストロフィー」(GdG : 1376) を招くものとなり、コミュニケーションとしての意味を失ってきている。また、テロの場合、それは、コミュニケーションの相手を抹殺することを目的とするコミュニケーションという矛盾を内在させている(1)。

日本社会において、「戦争・テロ」の気配を感じるのは、対外的な状況だけではない。二〇一四年における、集団的自衛権についての、内閣による憲法九条の解釈変更は、戦後日本において、日本が堅持してきた姿勢のもっとも大きな変更である。

そして、教育システムにおいては、それに先行して、教育基本法における「国を愛する」という語の採用(二〇〇六年)、道徳の教科化の動きがあった。

他方で、そのような政治動向・教育動向の変化を支えるものとして、日本社会が「格差社会」の度合を強めていることがある。「格差社会」は、単に貧富の格差の拡大だけではなく、すべての層において生活基盤の不安定化をもたらすものであり、深層レベルでのその不安が、対外的に強い国を求める民衆心理をもたらしている。反韓・反中のヘイト・スピーチはその一つの表現でもある。

本章は、こういった問題意識から「戦争・テロ」と平和教育のあり方について検討を加える。

1　戦後日本の平和教育

第二次世界大戦後、日本社会が七〇年にわたってまがりなりにも平和を維持してきたのには、教育も大きな役割を果たしたと思われる。もちろん、その間には、朝鮮戦争、ベトナム戦争、湾岸戦争、イラク戦争などとの関わりがあったが、直接戦闘に参加することは避けることができてきた。

これは、戦前の教育が戦争に加担した反省をふまえて、「教え子を二度と戦場に送らない」というスローガンを掲げた教員組合の運動の力も大きい。

また、その運動は、「ノーモア・ヒロシマ、ノーモア・ナガサキ」の核兵器廃絶をめざす平和運動と一体になって遂行されたもので、広範な日本国民の平和への願いに支えられていた。

修学旅行や研修で広島・長崎・沖縄を訪れ、その事前・事後学習の中で戦争の悲惨さを追体験するという学習活動が広く取り組まれた。

その学習を通じて、子どもたちの平和志向が育まれたことは確かであろう。だが、語り部が高齢化するとき、直接的な経験を継承する形の平和教育が曲がり角にさしかかっているという指摘もある。

> 敗戦から六〇余年が経過し、それは自然と目の前の現実から離れて遠い過去となり、今を生きる若者には極めて実感のないものになってしまった（清水 二〇〇七）。

過去の体験・記憶に頼る平和教育は、戦争体験を持つ世代の教師によってなされるときは、説得力があったが、戦後生まれの世代の教師にとっては間接的・伝聞的なものになり、しだいにその説得性が弱まることは避けられない。

他方で、冷戦体制が解体した後では、様々な地域レベルでの宗教紛争・民族紛争・国境紛争が多発するようになった。また、紛争もグローバル化した。すなわち、国境を越え、テロによる攻撃が容易になった。

このとき、世論のレベルでは、積極的な平和志向というよりは、消極的な安全志向の意識が強まる。大国間の対立の冷戦時代は、イデオロギー的対立と核兵器の脅威により、国家的枠組みでの平和運動が組み立てられた。これに対して、ポスト冷戦時代は、地域的・宗教的・人種的対立により紛争が日常化・複雑化し、逆に、戦争に反対する論理が不明確になる。

2　世代変化と「命の教育」

戦後五〇年になろうとする一九九〇年代は、冷戦の終結時期とも重なり、太平洋戦争の惨禍に直接遭わなかった世代の子どもが青年期を迎えた時期であった。

この時期は、オウム真理教のテロや少年による凶悪殺人事件が多発する時代でもあった。この中で、当時の若者の生命観の変化を象徴するかのように、「なぜ人を殺してはいけないのか？」という疑問が発せられたことがある。これは、神戸連続児童殺傷事件が起きた一九九七年のあるニュース番組の中でのある高校生の発言であった。この疑問に対して、番組中のどのコメンテーターも「殺してはいけない理由」を答えることができなかったことで話題となった。

この発言に対して、戦中世代が反応し、戦後平和主義の旗手ともいえる大江健三郎はつぎのように批判した。すなわち、個人の危機と社会・世界の危機とを「似通ったものとしてとらえるという想像力が、新世代に欠けている」として、「この質問に問題があると思う。まともな子供なら、そういう問いかけを恥じるものだ。なぜなら、性格の善しあしとか、頭の鋭さとは無関係に子供は幼いなりに固有の誇りを持っているから」と述べた（「朝日新聞」一九九七年一一月三〇日付）(2)。

「まともな」といった、大江の問答無用の姿勢が示すように、このやりとりはすれ違いに終わった。むしろこれによって、戦中世代と戦後第三世代との間の、生命・死に対する実感覚の有無のずれが浮き彫りになった。このやりとりは、戦争の悲惨さを骨の髄で知っている世代と、人の命の重さを実体験で感じることがなく育ち、言葉（理屈）での説明を求める若い世代とのコミュニケーションの溝を示すものであった。

このような騒然とした社会状況の中で、文部科学省は、「こころのノート」（二〇〇二年）を作成・配布するなど、「命の教育」を柱とする道徳教育を実施に移した。だが、若者の意識の変化は、このようなその場の対応では済まない、社会変化・世界情勢の大きな変化によるものであったと考えられる。

3　武力行使の拡散

戦後日本の平和教育は、前節で示したような世代間の溝に加えて、二〇〇〇年代に入ってから「武力行使」の範囲が拡大したことによって、いっそう困難に直面した。

本章では「戦争・テロ」と一括して記述しているが、実際、両者は明確な区別ができなくなってきている。一方では、紛争地帯における戦争・内戦の日常化があり、他方では、銃器の蔓延や生物・化学兵器や爆弾の作成の容易化によって、市民がテロの被害に遭う可能性が高くなっている。

戦争とテロは法的には、もともとは、それぞれ国際法と国内法によって判断されるという違いがある。まず、戦争とは、国と国との間の、すなわち政治システム間の紛争を武力によって解決しようとするものである。国際法では、戦争は自衛のみに許されているが、実際には、「自衛」の範囲は多様に解釈可能なので、戦争は、依然として、国家間の紛争処理形式であり続けている。この意味で、他国からの攻撃に備えるという名目で、正規の、政治システムの一部としての軍隊も存続し、拡大し続けている。さらに、民族紛争や内戦は戦争とは区別されるが、各武装勢力に対して大国が関与することで、国際的なパワー・ゲームの一部となっているケースが多い。

テロは、戦争と異なり、本来はそれが発生する国内の治安問題として処理される。しかしそれは、国家の枠を超えて発生することがある。テロは、特定のターゲットを狙う場合もあれば、無差別的な攻撃としてなされる場合もある。

テロがこのように拡散することによって、それに対抗する「武力行使」の範囲の境界も不明確になる。九・一一同時多発テロ（二〇〇一年）の攻撃を受けてアメリカがアフガニスタンに対して報復的に行った大規模な武力行使は、ほとんど戦争と変わらなかった。

テロと戦争は、外見的な違いは大きいが、社会的に同根のものとして世界に浸透している。両者は、互いに他を前提として、地球上に拡散し続けている。その巨大化し、グローバル化する流れの中で、教育システムはそれについてどのように語ることができるのか。

4　平和教育の拡張

もちろん平和教育の研究・実践の分野では、このような困難を意識していた。麻生多聞（二〇一八）は、一九八〇年代以降は、「戦争体験が多面的・重層的に把握され」、「被害（空襲、原爆、徴兵、戦病死、戦傷、学徒出陣、特攻隊、各戦場での悲劇、沖縄戦等）の学習のみならず，加害（朝鮮・台湾の植民地支配、朝鮮・中国からの強制連行、従軍慰安婦、各地での住民虐殺等）の学習も加わる」段階に入っていたとする。これに加え、二〇〇〇年代以降は、テロの拡散までを含み込むこととなる。平和教育のこれらの領域拡大は、ガルトゥングの「包括的平和教育」（Galtung 1969=1991）の提唱とも呼応していた。しかし、平和教育のこのような内容拡大によって、逆に、平和教育の本来の目的・方法が不分明になるという事態が生じた。竹内久顕（二〇一一）はこの状況についてつぎのように指摘している。

今日求められている、暴力（戦争・テロ等）の現実と不安を解決・克服するにはどうすればよいかという課題と、これまで積み重ねられてきた平和教育実践の間に乖離が生じている……。いま問われていることは、「暴力（戦争・テロ）をどうすれば廃絶できるか」ということだが、それは換言すれば「紛争・対立（conflict）をどうすれば非暴力的に解決できるか」ということである。そして、その問いに答え得る平和教育実践が弱かった……。

このとき、平和教育の実践には、教える内容と方法の再吟味が必要になるわけだが、その作業は単に教える事項を一覧化し、個々の内容に応じた教材を作成するだけでは不十分であろう。それは、今日の世界を取り巻く暴力的状況についての新たな構造的把握に基づくものでなければならない。

5　戦争・テロと機能システム社会

暴力的状況の構造的把握という試みを、本章では、やはりシステム論を用いて行う。そして、異なる視点に立つつぎの二つの研究を参考にする。

まず、クフラー（Kuchler 2013）は、前近代の戦争と近代（機能分化した社会）における戦争を区別し、後者では、政治と法の一体化など、各機能システムを動員する全体主義的なものになることを指摘する。また、社会の機能分化のプロセスにおいて、戦争を担う軍人の役割も分化してくるとされる。

これに対して、ホルツンガー（Holzinger 2014）は、機能分化が高度に進んだ現代社会での「新しい戦争」あるいは「イレギュラーな戦争」（テロもこれに含まれると思われる）は、戦闘員が明確な役割において区別されないと指摘する。また、「新しい戦争」は、様々な特殊要因（地域的など）が介入して、機能分化論だけでは説明がつかないとし、ルーマンの「世界システム」論にも限界があると疑問を呈している。

両者はともに、現代社会は機能システム化が進むという点では共通する。両者の違いは、クフラーが「戦争」も高度にシステム化されると見るのに対し、ホルツンガーは、「テロ」（新しい戦争）が近代化されたシステムの間隙を衝いてくることに注目する点にある。本章は、この両者の見方を、第1章でも採用した「格差社会」化あるいは「排除」という視点から統合したい。

システム化した社会では、機能システムが自律して相互に関わることが想定される。経済システムにおいて不正などで問題が発生した場合、法システムの判断に委ねられる。法システムで解決できない問題については、政治システムが新たな立法を行う、というようにである。ところが、クフラーが述べるように、軍事システムはこれらの機能システムを一体化させるように働く。

すなわち、軍事的脅威が高まることをめぐっては、それへの対応が優先され、法制度の改変、軍備強化に向けた財政支出、軍需産業への新兵器への発注、マス・メディアの報道……が短期間に同時に進められる。また、教育システムには、潜在的敵国との関係について教えることが求められる。さらに、「軍産学複合体」という語が示すように、学問研究も軍事関連のテーマに動員される。こうして、軍事的緊張の高まりは、各機能システムの自律性を低下させ、機能システム社会を解体させることにつながる。この意味で、機能システム社会においては、軍事システムの自律化は、各機能システムの自律性と矛盾するものとなる。

　軍事システムが機能システムの自律化に逆行して肥大する過程において、軍事エリートが経済・法・政治・教育・マスメディアなど主要な機能分野で発言力を増大させ、場合によっては意のままにコントロールする。いいかえれば、各機能システムにおけるエリートは、軍事システムへの参加を通じて共通のサークルを形成し、利害を共有する(3)。彼らは、人脈（ネットワーク）を通じて、どの機能システムにも参加することができ。その意味で、「過剰に包摂」されている。

　これとは逆に、「テロ」を企てる者は、機能システム社会から「過剰に排除」されている存在である。ルーマンが述べるように、あるシステムからの排除は、別のシステムからの排除と連動する可能性が高い。家族システムから排除される子どもは、教育システムに参加できなくなり、経済システムへの参加も困難になる。排除が進むと、支援システム（福祉）や医療システムからも遠ざかる。今日では、排除は、先進国におけるアンダークラスから、途上国の大量の難民にいたるまで、全世界どこでも発生している。そして、彼らが憎悪と絶望の果てに、機能システム社会への攻撃を企てても不思議ではない。

　テロの発生因は、その国の事情によって異なる。欧米では、ムスリムの過激主義によるものが多い。またアメリカでは、銃乱射によるものが多い。これに対して、日本では、オウム真理教の組織カルトや、個人的な通り魔的な犯行が特徴的である。

　機能システムが相互に自律してコミュニケーションし合う現代社会は、社会を一元的に統制する中心を持たない。このような多様な種類からなるテロは、そのような脱中心性の社会において、コミュニケーションのネットワークを攪乱させる点で共通している。

テロは、コミュニケーションを否定することによって、その直接的な帰結として憎悪を拡散させる。テロの多くは、社会から排除されている立場の者が遂行する。彼らは、自分の「身体」以外に訴える手段がないと考える。その身体でもって、対象とする社会の象徴的な価値の高い場所・建物・人物を攻撃する。

［日本におけるテロの一例］

日本におけるテロの代表的な例として、東京・秋葉原で二〇〇八年六月、一七人が死傷した無差別殺傷事件を起こし、殺人と殺人未遂などの罪に問われた元派遣社員・K死刑囚の場合がある(4)。

東北地方で育った彼の家庭は、父親が地元金融機関に勤める中流家庭であったが、学歴コンプレックスを持つ母親からDV的な躾・教育を受けて育った。彼の手記によると、中学校は競争主義で体罰も横行し、そこでも帰属感を得ることはできなかった。また、母親からは友人との付き合いも制限されていた。

彼は短大卒業後、ほぼ一年ごとに派遣の仕事を変え、経済システムにもうまく適合できていなかった。彼にとって最後の拠り所として残ったのは、ネット上の掲示板であった。彼によると、「全ての空白を掲示板で埋めてしまうような使い方をしていた」という。「私にとって掲示板が、友人と話をする居酒屋のようなものから、家族と話をする家のようなものになりました」という（「週刊ポスト」二〇一二年七月二〇・二七日)。

しかし、彼はネット掲示板でも、なりすましのいじめ・からかいに遭い、そこでも居場所を失ってしまう。

排除される者は、形の上では、各機能システムに所属している。しかし、そこでのコミュニケーションから退出していく。これは、そこでのコミュニケーションで用いられるメディアが一般的なものにとどまり、その参加者の内面に届いていないためである。

K死刑囚は、中学校では優秀な成績だったが、何のための成績なのか見えてなかったに違いない。家庭では彼の母親は、厳しく叱ったが、それを子どもへの愛情と錯覚し、子どもに届くことがなかったのだろう。

この事件に限らず、どのテロにおいても、それを実行する者の生育史・コミュニケーション史がそこに投影されているはずである。各機能システムのコミュニケーションでは、固有のコードとメディアが用いられるが、教育システムにおいては、それらが子どもたちの心理システムを動かす力を伴っているかがいっそう問われる。

6　危険／リスク図式

テロがコミュニケーション拒絶の行為として遂行されるにもかかわらず、社会がそれにどのように対処するのかについてコミュニケーションするのは、自然災害やパンデミック（感染症の世界的流行）のような外部的脅威と異なり、それが社会システム内部的なものであることを感じとっているからである。

このとき、テロは、社会外部的な面と社会内部的な面の両面を持つ。ルーマンの図式を用いれば、それは「危険／リスク」の両面を持つ。すなわち、テロについて社会は、外部的脅威としてコミュニケーションすると同時に、その社会自体が生み出した内部的リスクとしてもコミュニケーションする。

この両面性は、これまでの教育システムにおけるテロの位置づけにも見てとれる。

テロをめぐるこれまでの教育的対応はつぎのようなものに分類できる。

- 人間の安全保障——センが提唱し、恐怖と欠乏からの自由をめざす活動。二〇〇五年に国連で採択され、主に開発途上国支援としてなされる。
- 関係的倫理に基づくケアリング教育への転換——フェミニズムの立場からギリガンが、これまで支配的であった男性優位の普遍的正義への疑問を投げかけ、非暴力を説く（Gilligan 2004）。
- リスク・安全教育——ベックのリスク論に基づき、不測の事態への対応をふだんから学ぶ。「安全」に配慮するだけでなく、学校・通学路が襲撃された場合の「予防」（precaution）が重視される。シンガポールなどでは、学校が襲撃された場合、子どもがいかに自分の身を守るかなどの訓練もなされている。

●コミュニティ教育――イギリスの教育・スキル省は、二〇〇五年のロンドンテロを契機に、予防的な反テロ・プログラム（preventative counter-terrorism programme）を作成し、特にイスラム教徒が多い地域を対象にそれを実施した。そこでは、「コミュニティの結合」が謳われ、各自のコミュニティのアイデンティティ意識を高めて、コミュニティ一員としての自覚を促すことがめざされた。その内容は多様であり、「英国性」（Britishness）を強調し、生徒が過激主義に染まっていないか監視する姿勢のものから、それまでの多文化主義やシチズンシップ教育の流れを受け継ぎ、人権を守りつつ、生徒が地域や学校を居場所として感じられるようにするものまで、多岐にわたっている（Thomas 2016）。

どんな機能システムにおいても、生じた問題についての最終的な正解を持たない。そのつどの状況に応じて、いくつかの選択肢の中から手探りで、つぎの一手を採用する。この一連のコミュニケーションにおいて判断の基準となるのは、その機能システムに特有のコードである。経済システムの場合は、「益／損」であり、法システムの場合は「正義／不正義」である。教育システムの場合は、ルーマンは「良／否」であると見なした。すなわち、子どもにとって良いか悪いかで教育的判断がなされる。あるいは、子どもが良い状態か、悪い状態かで判断される。

テロ対応教育についても、右にあげたいくつかの選択肢を参考にしてそのつど、より「良い」と判断される教育がなされる。テロが身近に頻発する状況では、即効性が高い「リスク・安全教育」に力点が置かれる。逆にテロの恐怖が薄らいでくると、ケアリングや人権重視のコミュニティ教育の比重が高まるだろう。

しかし、どんな場合であっても、その教育がなされるのは、子どもにとって「良い」という判断に基づいてである。これは、いいかえるならば、子どもが「希望」が持てるかどうかということである。テロについていえば、教育システムは、過剰排除されたグループ・個人が拡散させる憎しみ（ヘイト）を希望に変換することができるかどうかが問われるだろう。そして、その教育的コミュニケーションは、過剰包摂されたグループが担う戦争志向の軍事システムに抗して、各機能システムの自律性を取り戻そうとする市民のコミュニケーションと共鳴するかどうかが問われる。

補論

コロナ・パンデミックと教育

二〇二〇年以降、新型コロナ・ウィルスによるパンデミックが全世界を襲った。当初は、他国ほどの猛威ではなかった日本も、その後も何波もの感染拡大によって、社会全般が疲弊の度合いを強め、「非常事態」の日常化というストレスに満ちた生活が続いている。

コロナ・パンデミックがもたらした影響は教育システムにとっても甚大であり、『現代教育のシステム論』と題する本書にとって、その刊行意義すら問われかねない事態である。パンデミックという危機においても、システム論は有効なのだろうか。

この補論では、コロナ・パンデミックがシステム社会に投げかけた問題を考察する。そして、それが長期的には、「現代」教育というよりも「近代」教育への問題を提起しているというのが、本論の結論である。

1　福祉国家の二面性

一九八〇年代以降、「小さな政府」の掛け声の下、政府による介入・規制を縮小する方向で様々な新自由主義的な改革が進んだ。教育分野では、学校選択制の導入、教育予算の実質的削減、学力テストによる学校間競争の導入などがそれである。ところが、コロナ・パンデミックにおいては、「大きな政府」が復活しつつある。国民生活の一斉的規制がなされ、休業によって発生する損失への補償が膨れ上がっている。その事態は、新自由主義が否定した福祉国家の再来のようにも見える。

福祉国家は「補償国家」とも呼ばれる。すなわち、社会的に不利な条件に置かれている層に対して「補償」する国家である。

ところが、コロナ・パンデミック下の国家は、それ以上に「規制国家」の面を強めている。飲食店に対する一斉休業要請、あるいは教育機関の「一斉休校」措置がそれである。この二面性において、当然ながら、補償が足らない、規制が強すぎるという批判がなされ、政府・行政は、その危ういバランスを繰り返すことで、打つ手がなくなっているようにも見える。

教育システムに即して言えば、一斉休校への補償として、リモート授業を受ける機会の確保が求められる。具体的には、タブレットの一斉配布、職を失ったシングル家庭への支援がなされる。

しかし、このようなバランス論的な問題の立て方は、行政機関の調整の巧拙を論じることに留まり、福祉国家か規制緩和国家かの選択枠を超えることはない。

2　政治システムによる介入作用

コロナ・パンデミックによる危機は、政府が国民生活のあらゆる面に介入・統制するという意味で、機能システム論の危機でもある。なぜなら、機能システム論は、各機能システムが自律したコミュニケーションを行うことによって、社会システムが成り立つという前提に立つからである。

ウィルスが持ち込まれる恐れから、各国が国境を閉鎖し、国内でも他地域への移動が制限される様は、あたかも環節社会がよみがえったかのように見える。また、政府による社会生活の全面的統制は、ヒエラルヒー社会の再来のようでもある。この状況において機能システム論はその有効性を失ったのだろうか。また、この状況についてシステム論はどのように応答できるのだろうか。

機能システム論から見れば、この状況は政治システムによる他の機能システムへの介入の増大である。だが、福祉国家における政治システムによる介入は、必ずしも強圧的なものではない。それは、「要求」を受けとめることによって、市民を「包摂」する政治的機能の発揮でもある。

しかし、それまで新自由主義を標榜していた国家が、一夜にして急に福祉国家に変質したとは考えにくい。新自由主義国家でさえ福祉機能を前面に出さざるをえないほどに、外部事情の圧力が加わったと見るべきであろう。システム論的に言えば、その変質は、通常の各機能システム内部のコミュニケーション、あるいは機能システム間のコミュニケーションでは処理できない外部環境の変化によるものである。

すなわち、新自由主義国家による福祉国家的な介入・補償という逆説的な現象は、むしろシステム社会に対する環境からの挑戦としてとらえるべきである。機能システム社会を揺るがす環境変化は、今回は新型コロナウィルスの拡散によるが、これに加えて、地球温暖化による気候変動による危機も差し迫ったものとなっている。これらは人類社会そのものの維持にとっての危機となっている。そのため、国家の枠を超えた国家間の協調が迫られている。その課題の前では、福祉国家か新自由主義国家か、あるいは独裁国家か民主主義国家かと言った政治的枠組みの論議は無効となる。

同時に、各国のレベルでは、政治システムが社会全体および各部分システムに対して介入する度合いが高まっている。これは政治システムが意図する／意図しないに拘らず発生する事態である。政治システムにとっては、介入せざるをえない事態であり、他の機能システムも介入を受け入れざるをえない事態である。

政治システムの介入は政治システムの権力性の増大につながるが、それをもたらしたのは環境からの脅威であり、環境変化への対応としてである。

環境が、未来を決める中心的要因になりはじめている。(PTW : 19)

人間社会は、自然環境からの猛威に対して、一丸となって対応せざるをえない状況に直面している。各国の利害対立を超えて、あるいは各国内部では、機能システムの枠を超えて対応することが迫られている。さもなければ、世界システム、あるいはそれを構成する各国の社会システム自体が解体することになる。

地球社会にとっての危機において政治システムが指令塔的な機能を果たすのは、各機能システムの自律的判断には限界があるからである。

医療システムは、個別の病の治療には責任を負えても、パンデミックが進行してしまえば、システム自体が崩壊してしまう。「病／健康」のコミュニケーションは、病人が圧倒的に少ないことを前提にしているからである。

同様に、経済システムは、通常の景気循環には対応できたとしても、気候変動に起因する大規模な災害には対応できない。「支払える／支払えない」のコミュニケーションにおいて「支払えない」側の比率が想定以上に高まるからである。

巨大な環境変化は各機能システム独自の対応の限界を顕にし、それを政治システムが補完するという関係が出現する。

元々、各機能システムはその内部に一方向に暴走するリスクを抱えている。経済システムでは「バルブ」、宗教システムでは「カルト」、政治システムでは「暴力的衝突あるいはテロ」、教育システムでは「受験加熱」……。この暴走を抑えるために、政治システムに対して、法的規制の立法化の役割が期待される。ところが、コロナ・パンデミックや環境変動による危険に対応するための政治システムの介入は、そのような通常の機能システムの活動を抑制・刺激するための規制ではなく、与野党の立場を超えた、一種の超法規的な措置である。

3　コロナ・パンデミック下における各機能システム間の関係

コロナ・パンデミック下において、政治システム以外の各機能システムの自律性は、平常時よりも低下しているが、それぞれの機能システムによる違いがある。主な機能システムについて、その違いを図示したのが、図1である。

コロナ・パンデミックにおいて主要な役割を果たす医療システムについて言えば、政治システムは、微生物学、免疫学、公衆衛生学の専門家の知見なしには政治的決定ができないので、医療システムは政治システムと対等の発言力を有している。

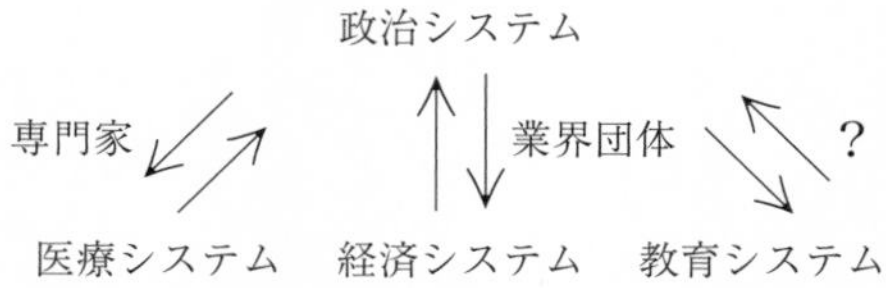

図1　関係システムへの政治システムの介入とそれへの対応

また、最も深刻な影響を受けたのは経済システムであるが、GOTOキャンペーンやオリンピック、パラリンピックの強行開催など、業界団体が政治的決定を左右する力を発揮している。

これに対して、教育システムの場合は、学校の一斉休校、各種行事の中止など、政治的決定に従うばかりで、それに抵抗する組織がないことがわかる。コロナ・パンデミックにおいて教育システムが「一斉休校」に踏み切り、「オンライン授業」「リモート授業」に切り替わったのは、教育システムの自律的判断というよりも、政治システムからの指示によるものである。

これは、専門職団体としての教員組合が組織されていないことにもよるが、同時に、教育システムの「主役」である「子ども」が発言力を持たないことにもよる。「子ども」は、経済システムにおける未組織労働者と同じ立場であると言ってもよい。いずれにせよ、これらは教育システムの自律性が問われる事態である。

4　コロナ・パンデミックの教育システムへの影響

コロナ・パンデミックは、社会生活の根底を揺るがすものであり、教育システムもその例外ではない。その影響は、短期的なものではなく、今後もじわじわと続いていくと考えられる。それらは、具体的には、長期休校による「学力低下」、子どもの孤立化・孤独化、各種部活動・学校行事の中止による子どもの体験不足・体力低下、など多面的なものである。

ここでは、システム論から見たとき、今回のコロナ・パンデミックが提起した教育システムにとっての最大の問題として、近代の学校教育の根幹をなす「授業システム」それ自体の揺らぎという点から考察する。

巨視的あるいは文明史的に見れば、学校教育を可能にしたのは、大量印刷の技術である。その技術的発明の以前は、テキストは手書きの書物であったため、それが「教授」されるのは、一部の貴族階級の子弟、あるいは家庭教師を雇うことができる階層に限られていた。

全員就学の「公教育」制度が成立するのは、すべての子どもに教科書が行き渡る技術的・経済的条件が整った段階においてである。その条件において、教師が教科書を使って数十人の生徒を一斉に教授するという、なじみ深いスタイルが定着した。

ところが、今回のコロナ・パンデミックを機に、オンラインによる遠隔授業、あるいはタブレットを用いた個別学習が一気に広がっている。

家庭での個別学習は、従来から宿題などで用いられていたドリルなどの教材が、紙からタブレットに置き換わったと見ることができる。これに対して、オンラインによる遠隔授業は、これまでの教室内での授業とは異なるものである。また、コロナ・パンデミックが収束した後にも、伝統的な授業にとって代わる可能性を秘めている。

オンライン授業がこれまでの教室内の一斉授業に対して利点となるのは、つぎの点においてである。まず、それは、通学が困難な子どもにとっては、家にいながら学校教育を受けることができる。さらに、タブレットに教科書や補助教材をファイル化することにより、教科書代が不要となる。動画ファイル内で優秀な教師が教えることにより、授業のうまい・へたの差がなくなる。（逆に、教室内の教師は、タブレット授業の補助者にすぎなくなるかもしれない。）授業アプリに理解度を調べる機能を付加すると、各生徒のつまずき箇所が診断できる、などである。

これはまさにインターネット革命が教育システムにも及んだことを意味する。教育システムが教科書以前／以後の区分で成立したとすれば、タブレット授業・遠隔授業の普及も、教育システムの新時期を画するものと言えよう。

本書の「ネットワーク社会」の章でも論じたように、それは、伝統的な授業の相互作用と組織の関係を覆す可能性をはらんでいる。さらに、それによって、これまでの公教育の中核であった学校とそこでの「授業」のあり方が根底から変わる可能性がある。

5 「授業」システムとは？

1 教育的教授

では、そもそも「授業」とは何なのか？ それは、数十人の生徒が一つの教室において、（多くの場合、一人の）教師の指導を受ける空間である。それは、システム論的には、相互作用と組織が交叉する領域である。

「授業」は、組織として見れば、年間に一定時間を行うことが定められており、生徒は最低限の時間を出席しなければ「合」と評価されない。

ルーマンは、組織としての「授業」において、生徒は「単純な機械」のように扱われると言う。つまり、実際にはそれぞれが内面で複雑な心理システムであるにもかかわらず、生徒は、授業においては、教師が発する質問に、教師の期待にそって正答することが求められる。

実際には「複雑な機械」である生徒が「単純な機械」のように振る舞うのは、教師の優れた学識と人格にふれ、自らそれに近づこうとするためである。その場合、教師との応答において、各生徒が自分の複雑な内面を表現するならば、授業は前に進まなくなる。

多くの場合、生徒もその事情をわきまえて、自分の内面をさらけ出すことなく、あたかも自分が「単純な機械」であるかのように、教師が期待することを予期して、授業に臨む。また、そのように振る舞わなければ、評価が下がることも理解している。(「学級崩壊」は、このような共有が形成されない異常事態でもある。)

しかし同時に、「授業」は教師と生徒が相互作用する独特なシステムでもある。「相互作用」システムとしての授業では、組織システムとしての授業と異なり、多様な、その場でつぎに何が起こるかわからない。そこでは、いつもは平凡な受け答えをする生徒が、教師の一言で思いがけない発言をするかもしれない。相互作用システムとしての授業は、驚きの連続である。

授業のこのようなシステム論的な二重関係を、近代教育学は「教育的教授」という概念で説明してきた。その代表とも言えるヘルバルトは、適切な管理下においては、生徒に知識を教授することと教師が生徒の人格に働きかけることは両立し、その両面を備えていない授業は教育の名に値しないとまで言う。「教育的教授」論は、授業というシステムが、組織であると同時に、教師と生徒間の複雑な相互作用システムでもあることを教育学的に表現したものである。

2　隠れたカリキュラム

「教育的教授」をめざす「授業」システムでは、組織システムと相互作用システムが交叉することにより、「隠れたカリキュラム」という規範的な文化が副産物として生起する。

授業が組織的に円滑に進行するためには、いくつかの暗黙の了解事項が共有されることが必要である。転校生がそうであるように、それを理解していないと、場違いの発言・態度となる。その共有された暗黙のルールは、「隠れたカリキュラム」と呼ばれる。

「隠れたカリキュラム」は個別の学級において形成されることもあれば、学校単位で形成されることもある。また、それが引き継がれていくと「校風」にもなる。これらを総称して「学校文化」が形成されることになる。

「隠れたカリキュラム」は教師が意図して作ることはできず、むしろ教師の目が届かないところで生徒間の相互作用で形成されることが多い。それゆえに「隠れて」いるのである。

いったん形成された「隠れたカリキュラム」は、無言のルールとして共有されるが、それをまだ共有していない場合には、休み時間や登下校の時間において、生徒間のコミュニケーションを通じて伝達されることが多い。

「隠れたカリキュラム」が生徒間に形成されると、教師もそれを無視しえなくなる。それは教師の個性的反応すらも取り入れて形成されているからである。

オンライン授業がこれまでの学校教育が基準としてきた「授業」を代替するには、「教育的教授」がなされるかどうかの問題に加えて、「教育的教授」に必然的に付随する「隠れたカリキュラム」が形成されるかどうかも問われる。

これまでの教育実践史において語り継がれてきたような、名教師による名授業は、単に技術的に授業の進め方がうまいというだけでなく、子どもたちを集団的にまとめる力量を備えた教師によるものであった。あるいは、生徒の側から言えば、その教師が呈示した世界に対して、「単純な機械」としてコミュニケーションしたがゆえの成果である。それは、「教育的教授」と「隠れたカリキュラム」の二つの課題が同時に達成されて生まれたものである。

6　オンライン授業の限界

では、オンライン授業において「教育的教授」は可能なのだろうか？　また、それは、そもそも「授業」という概念に含まれるのだろうか？　また、そこでは「教育的教授」の裏面としての「隠れたカリキュラム」が成立するのだろうか？

すでに述べたように、オンライン授業は、授業の二側面のうち「組織」システムとしての性格を持つことは明らかである。これに対して、それが「相互作用」システムであるかが問題となる。

ルーマンは相互作用を「居合わせている者が相互に知覚可能である」社会的システムとして定義している（SAII, S.10, SS : 750）。この定義によれば、オンライン授業であっても、双方向性があるならば「相互作用システム」と言えるだろう。これに対して、教師が一方向的に教授する場合はそうではない。たとえば、繰り返し再生可能な授業を視聴する場合がこれにあたる。

「相互作用」においては、「エピソード」が偶発的に生まれ、そのエピソードがまた次のエピソードを生み出す。その発生とつながりはそのときになってみないとわからない。

「教育的教授」も同じである。しかし、教師は、学校組織の一員として、決められた教育内容を決められた時間配分で教えていく。しかし、教師は、自分が教授したことが生徒にどう受け止められるかはわからない。手探りの中で、生徒の反応を確かめながら授業が進んでいく。

教師と生徒の人格を介したコミュニケーションにおいて、生徒が自分なりに獲得するものがあるというのが「教育的教授」の考え方である。もちろん、その経過においては、「葛藤」もあるかもしれない。しかし、制度として、教師がその葛藤をあえて作り出し、生徒に自ら克服させ、「自己社会化」を遂げることを期待しているのが「授業」システムである。

だが、オンライン授業においては、こういう偶発的展開の余地は狭まるだろう。もちろん、画面と音声を介してのコミュニケーションにおいても予期しない発言がなされ、それがきっかけとなって思いがけない展開が生まれる可能性はある。そして、オンライン授業が終わってから、そのやりとりを反芻して、自己社会化がなされることもあるだろう。

だが、オンライン授業は画面を通してのコミュニケーションであるため、教室で目の前に生徒がいるのとは違って、反応がとらえにくい。授業評価を導入しても、生徒の内面の細部までは把握できないだろう。相互作用の比重が低下する授業では、教師と生徒の相互の人物評価がされにくい。人物としての総合的な判断、あるいは道徳的判断もなされにくい(1)。

オンライン授業において人格的要素の比重が低下することは、とりもなおさず、そこにおいて「隠れたカリキュラム」が成立しにくいということでもある。これは、日本型集団主義が規範として伝達されてきた日本の学校にとって、いっそう大きな課題を突き付けることになる。

コロナ・パンデミック以降広がったオンライン授業について、受講者にその評価を尋ねるいくつかの調査がなされた。これまでの授業観からすれば、直接に顔を合わさずにコミュニケーションするオンライン授業には不満が多いと予想される。だが、受講者による評価は意外に高いことがわかった(2)。この結果については、以下のように解釈できる。

従来の「授業」は、単に教師とのコミュニケーションだけで成り立つのではなく、その裏面においては、複雑な「隠れたカリキュラム」が存在し、それを理解していなければ、授業に参加できない場合すらある。あるいは、その規範に背いた場合には、「ちくり」「ぶりっ子」と言われ、生徒間の「いじめ」にもつながることがある。逆に、生徒間の評判だけを気にしていると、学校のフォーマルな評価が下がってしまうというジレンマもある。

「教育的教授」と「隠れたカリキュラム」がうまくかみ合うことで、長く良い思い出となる学級が作られてきたのも事実だが、教師と生徒間、あるいは生徒間でさまざまなトラブルが発生するのもまた事実である。

オンライン授業に対する肯定的評価は、これまでの日本型集団主義の授業が抱える煩わしさからの解放感とも考えられる。

7 オンライン授業の可能性と課題

オンライン授業を単に「教育的教授」の代替としてとらえるならば、教室内の濃密な相互作用による教育効果の面で、まだ技術的な壁が大きい。

オンライン授業では、授業に備わる「二重の偶発性」の要素が少なくなる。経験の浅い教師の授業であっても、そのひたむきさが生徒に伝わるという可能性も低くなる。

言いかえると、「教育的教授」をモデルとするとき、オンライン授業では、よほど教師がうまく生徒の反応を引き出さない限り、それは個別授業の集合型にすぎなくなる。その結果として、授業は、教師の指導を伴わない個別学習に移行していくことになるだろう。

この点が、画面越しでしか生徒の反応が知覚できないオンライン授業の弱みである。「教育的教授」の学級では、「複雑な機械」である生徒は「単純な機械」であるかのように振る舞うことで授業が進行したが、オンライン授業では「単純な機械」として反応するどころか、傍観者としてしか参加しえなくなる可能性がある。

他方で、オンライン授業は、「教育的教授」の授業を超える可能性をはらんでいるとも思われる。それは、「ネットワーク型授業」としての新たな可能性である。

ここで言う「ネットワーク型授業」とは、配信される動画教材を視聴して、生徒が個別に学習するものではない。複数の生徒が同時に、互いに認知・コミュニケーション可能な授業のことを言う。

逆に、このネットワーク性を欠くならば、オンライン授業は単なる講習でしかなくなる。学習心理学の知見を活かして優れた動画教材が開発され、それが生徒のつまずきを克服させ、興味をかき立てることがあるかもしれない。だが、それだけならば、自動車学校で見せられる教習ビデオを各家庭で視聴するのと同じになってしまう。

オンライン授業が従来の授業と異なるのは、インターネットで生徒がつながることにより、距離・場所を超えた授業空間が形成されることである。

そこでは、生徒は、組織として学校が用意した画一的なカリキュラムで学習するのではなく、生徒間で共有するテーマにそって議論し合う空間が生まれる。あるいは、先進的な事例の現場や、専門家とのコミュニケーションがなされる場ともなりうる。

同時に、ネットワーク型のオンライン授業では、「隠れたカリキュラム」が形成されるかという問題がある。「隠れたカリキュラム」はある一定の閉じた集合体が共有する文化である。参加者が入れ替わる可能性が高いネットワークでは、それが形成しにくい。逆に、ネットワークが「隠れたカリキュラム」を備えてしまうと、新たな参加者には高い壁となるだろう。オンラインによるネットワーク型授業では、独特な校風、あるいは学校文化というよりも、開かれたグローバルな教育文化が、国境を越えて形成されることになるだろう。

註

序　論　ルーマンの教育システム論を概観する

1　ルーマンとギデンズの違いについては、石戸（二〇〇七）を参照。

2　ドイツの社会学は、伝統的にGemeinschaftとGesellschaftを対比的に論じてきたが、それは、前者の共同体性に対して、後者の「利益社会」的な性格を示すためである。ルーマンは、Gesellschaftを社会的集合体の総称として用いる。

3　英語圏でルーマン理論が普及しにくいのは、英語では「社会（的）」の語は、すべてsocial, societyと表記され、原著の意味がとれなくなってしまうことも一因と思われる。

4　『社会システム理論』（SS：301）および『社会の社会』（GdG：907）を参照。なお、本章で「集権化」というのは、『社会システム理論』において、「同調／逸脱（公式／非公式、フォーマル／インフォーマル）の分化」として示されている形式を再解釈したものである。なお、『社会の社会』では、この分化形式はあげられていない。ルーマンは、分節化、中心化、階層化は複雑に絡み合っていて、歴史上の多様かつ複雑なシステム分化が出現したと見ている（GdG：907, 1049）。

5 筆者はかつて、家族システムと教育システム（学校）の間の構造的カップリング装置として「宿題」の機能を指摘したことがある（石戸 二〇〇三：一七一）。これは、単に宿題の量をめぐって家庭と学校の関係が調整されるというものではない。北欧諸国の学校が宿題を出さずに、子どもを有能な市民に育てあげているときの、家庭と学校の関係に学ぶべきであろう。

6 ハーバマスにおいて「生活世界」と「システム世界」をつなぐのが、「公共空間」である。子どもの活動を拡張させるうえで、学校はその重要な組織となる。また、このような区分と発想は、アレントにおいても同様である。石戸（二〇〇三）は、アレントの公共性概念をルーマンのシステム論に立って批判的に検討している。

7 ハーバマスとルーマンの間で交わされた論争において、ハーバマスは、機能システム論に対して、生活世界を植民地するものとして批判している。これに対するルーマンの反論は、ハーバマスの、理性的討議を通じての社会的な合意形成によって社会統合をはかることへの見通しが実現困難であることを指摘するものである。両者のこの論争はすれ違いが目立ち、議論はかみ合っていない。

8 この点において、ルーマンの機能分化論は、社会を「精神生活界、経済生活界、法生活界」の三分節からとらえるシュタイナーの論と重なる。だが、シュタイナー（Steiner 1977/1919=2009）においては、自由を追求する精神生活が、友愛（助け合い）を追求する経済生活、平等を理念とする法生活に優越するとされる。また、シュタイナーは、唯物論＝経済至上主義こそ現代社会が乗り越えなければならない思考法だという。

9 アメリカの社会学の主流をなすシカゴ社会学では、個人を中心に据え、その周りに、家族、地域、職業集団、国家が同心円的に広がる社会がイメージされている。その流れを引くデューイ教育学、あるいはアメリカにおける教育システム論の主流もそうである。それらは、子どもが共同体・全体社会に参加していく段階的なプロセスを想定する。また、学校カリキュラムもそれにそって構成される。個人と社会の調和を前提とする同心円的社会論は、いったん社会的対立が顕在化すると、自己中心主義（あるいは、自国ファースト主義）に転化する可能性がある。

第1章　労働の変化と教育システム

1　教育財の分配に関する議論を概観するうえで、宮寺（二〇〇六）を参照。なお、コミュニタリアンと目されるウォルツァーが、共同体の中の学校の自律的実践の可能性を指摘する際、一九七〇年代にカミングスが参与観察した日本の京都の公立小学校を好例としているのは興味深い（Walzer 1983=1999, Cummings 1980=1981）。

2　労働の分化に引きつけて教育を語ることは、統一的教育の方向に逆行するという批判もあるかもしれない。格差社会化に対する教育システムの組み換えの方向性として最もよく語られるのは、フィンランド・モデルである。たしかに、北欧型モデルは、特に「落ちこぼれ」を出さない手立てにおいて実践的に範となる。しかし、フィンランドの高校における職業コース在籍率が六七％（OECD 2009）であることが示すように、北欧モデルは同時に、後期中等段階では職業的進路に応じた分化が明瞭なシステムでもある。また、学歴間・職業間の社会的威信差も小さい社会である。こういった前提において、本章における教育の分化も後期中等教育段階を想定している。また、ここでいう「分化」は教育原理の次元における分化であって、学校そのものの分化ではない。すなわち、学校次元では「総合制」を志向することも考えられる。

3　好景気あるいは人手不足の状況においても、労働条件の低下が進行すること、また、長期的に労働市場が縮減する傾向にあることについては、堂免（二〇一七）を参照。

4　ヤングは「アンダークラス」を「構造的失業下に置かれ、仕事のない状態にあるか、さもなくば最低賃金で働かされている」層と定義している（Young 2007=2008：42）。

5　同報告書では、キャリア教育を「児童生徒一人一人のキャリア発達を支援し、それぞれにふさわしいキャリアを形成していくために必要な意欲・態度や能力を育てる教育」と定義している。

6　ライシュの論を日本の教育改革動向の考察に適用した例として、岩木（二〇〇四）がある。

7　これら四つの労働層は明確な境界を持つものではない。たとえば、シンボリック・アナリストの能力を有しているが、芽が出ずにアンダークラスに属しているコンピューター・プログラマーやゲーム・クリエーターなどのように、潜在的に他層にまたがって存在している場合もある。

8　創造的市民であるシンボリック・アナリストにとっては、自己の解体のリスクがつきものである。たえざる競争と自己チェックに疲れるとき、人は自分を包んでくれるものを求める。ギデンズはそれが原理主義であるという（Giddens 1994=2002：113）。ギデンズにおいて原理主義は再帰性と相いれないものとされている。しかし、原理主義の本質が自己を超越したものへの帰依にあるとしたら、高度な再帰的能力を有するシンボリック・アナリストにとっては、自己反省的な原理主義が可能と思われる。知識社会学的には、ここにおいて、エコロジーや自由を希求する教育として、シュタイナー教育を初めとするスピリチュアル教育を位置づけることができる。

9　徒弟制をモデルにする「正統的周辺参加」論は、「周辺」的に参加する労働者も包摂できる点に特徴がある。すなわち、学校教育における「落ちこぼれ」的な生徒も包摂できる可能性がある。

10　今後、ＡＩ（人工知能）やロボットが急速な勢いで導入され、ブルーカラーだけでなくホワイトカラーにも失職の波が到来することが各所で指摘されている。また、その速度や増減は、少子化や移民の導入などの変数によって異なるだろう。雇用形態や業種によって労働条件は多様であり、失業と人手不足が併存することもある。『平成二八年版　情報通信白書』（総務省）は、つぎのように述べている。「米国の職業七〇一種について、将来人工知能（ＡＩ）や機械が各職業を代替することが出来る技術的な可能性を分析した研究では、就労者の四七％が代替できる可能性の高い職業に従事していると指摘されている。この研究を日本に当てはめた場合、米国と同様の傾向となり、将来人工知能（ＡＩ）や機械が代替することが出来る技術的な可能性が高い職業が四九％であるとされた。」

11　この問題を解決するうえで、近年、経済学の領域で論議されているベーシック・インカムが注目に値する。それは、アンダークラス層の再包摂を超えて、もっと広範な教育作用を及ぼす可能性を秘めている。たとえば、ここで注目したいのは、オッフェが提唱するベーシック・インカムの変種としての「サバティカル・アカウント」という制度である。これは、三年間という一定の就業期間の後、すべての市民にその生涯のうち十年間は、ベーシック・インカムを保障し、労働を離れて自由な活動に取り組む権利を認めるというものである。この提案において、ベーシック・インカムの受給資格としては就業経験が求められるものの、サバティカル期間は必ずしも職業技能の向上を求めるものではない。それは、「意義ある非市場的活動」（"worthnon - market" activities）に向けられる。具体的には、ボランティア活動、ケア活動、スポーツ、文化、教育、そして環境保護活動などである（Offe 1997 : 100）。

12　原理レベルでの研究としては、矢野（二〇〇八）が代表的である。

13　本稿が念頭に置くのは後期中等教育段階の「共通」である。「すべての生徒に修得させるべき教育内容」（宮寺二〇〇〇：二四七）としての普通教育が非進学校において形骸化している状況は深刻である。

14　教育システムの再帰性やオートポイエシス性を重視する点において、本稿は社会的構成主義あるいはナラティブ・アプローチと同じ方向をとるものである。

第2章　「商品としての教育」から「贈与としての教育」へ

1　中南米諸国において新自由主義政策の導入が容易であったのは、もともと階級格差が激しかったという土壌があるだろう。ラテンアメリカにおいてマネタリストによる経済改革が受け入れられたのは、「一つには、IMFや世界銀行の政策誘導の下で制度改革によって大きな利益を得る各国の利益集団（国内の民間大企業や外国資本）の存在があった。そしてもう一つには、対外債務やインフレーションの原因と考えられる財政赤字の拡大という難病の存在があった」（石黒二〇〇三：八）。

2　マルクス経済学では、職業的な文化活動が生産的労働であるかどうかを論議してきているが、まだ決着は見ていない。

3　ここでは「社会財」といういい方は用いない。「社会財」は、おそらく社会が共有する財産という意味であって、教育にこの概念を用いる場合には、たとえば、子育てをするうえで、経験が豊かな高齢者から支援が得られるという場合に、その高齢者の存在は子育てにとっての社会財ということになるだろう。

第3章　いじめのシステム論（1）——包摂と排除のネットワークの視点から

1　三つのピークはメディアによる「いじめ」増幅のためであって、いじめは一九八〇年代から一貫して増えているとする見方もある。本稿では、社会現象としてのいじめという視点から、三つのピークによる時期区分を採用する。

2　文部科学省『平成26年度児童生徒の問題行動等生徒指導上の諸問題に関する調査』。なお、二〇〇六年度から、いじめの発生件数ではなく認知件数が調査されるようになったため、その前後のいじめの統計数値は連続的にはとらえられない。

3　制度的には、二〇一三年に施行された「いじめ防止対策推進法」が大きな区切りになるが、それ以降もいじめ自殺が続いていて、有効な歯止めになっているとは言えない。

4　(a)~(d)の研究例の出典はつぎの通りである。なお、ここでは教育学、社会学からのいじめ分析、およびいじめに関する評論を中心に取り上げ、いじめに関する心理学的研究、いじめ解決の実践、ルポルタージュは除いている。

森田洋司・清永賢二『いじめ――教室の病い』金子書房、一九八六年

菅野盾樹『いじめ=〈学級〉の人間学』新曜社、一九八六年

竹内常一『子どもの自分くずしと自分つくり』東京大学出版会、一九八七年

別役実『ベケットと「いじめ」――ドラマツルギーの現在』岩波書店、一九八七年

山口昌男『学校という舞台――いじめ・挫折からの脱出』講談社新書、一九八八年

阪井敏郎『いじめと恨み心』家政教育社、一九八九年

小浜逸郎・諏訪哲二『間違いだらけのいじめ論議』宝島社、一九九五年

土居健郎・渡部昇一『いじめと妬み――戦後民主主義の落とし子』PHP、一九九五年

前島康男『いじめ――その本質と克服の道すじ』創風社、一九九五年

芹沢俊介「子どもの自尊感情とは何か」『ひと』太郎次郎社、一九九五年五月号

森田洋司『いじめとは何か――教室の問題、社会の問題』中公新書、二〇一〇年

内藤朝雄『いじめの構造――なぜ人が怪物になるのか』講談社現代新書、二〇〇九年

加野芳正『なぜ、人は平気で「いじめ」をするのか?——透明な暴力と向き合うために』日本図書センター、二〇一一年
森口朗『いじめの構造』新潮新書、二〇〇七年
森口朗『校内犯罪（いじめ）からわが子を守る法——教室を無法地帯にしないために』扶桑社、二〇一二年
鈴木翔『教室内（スクール）カースト』光文社、二〇一二年

5　本章において「パーソナリティ・システム」という語を用いるのは、ルーマンの「心理システム」（psychische System）と「人物システム」（personale System）の両方の意味を含ませるためである。すなわち、心理的オートポイエシスの一般性と一定の人物に見られる独自性を同時に視野に入れるためである。

第5章　ネットワークとしての教育システム

1　今田（一九九三）は「どのタイプのネットワークも，いままでの産業社会を組み立ててきた社会編成原理を超える内容を持っているとは思えない。そういう状況のもとで，なんとなくネットワーク気分に浮かれて，新しい人間関係，社会づくりのための原理だと礼讃しすぎると，テクノクラート的発想に加担することになってしまう」と指摘している。

2　ドイツのシステム論におけるネットワーク概念のとらえ方を概観するうえで、Fuhse（2011）が参考になる。

3　同様の記述は次の箇所にも見られる。「オートポイエティック・システムは作動を生み出すのに必要な作動をそれ自身の諸作動のネットワークを通じて生み出す」（ES：120）。

4　ネットワーク論においては、フックス（Fuchs 2001：191）がネットワークをシステムの「原基」（master）としてとらえている。また、システムの原基としてのネットワーク概念Aは、ドゥールズ／ガタリの

「リゾーム」概念に近い。ただし、フックス自身は、閉鎖性と開放性という観点から、ネットワークは「閉じる代わりにネット化し、境界の代わりに結合の上に作られる」という点で、システムとネットワークを区別する。

5　CMCはたしかに既存のマス・メディアを刷新するものとなっている。だが、CMCは、経済、教育など各機能システムにも浸透していて、マス・メディア機能だけがネットワークの作用を引き受け、社会全体に対する支配的な機能システムとなるような事態は想定できない。

6　たとえば、「生涯学習」は、教育システムに出入りすること（包摂と排除）を自ら繰り返すことでもある。

7　社会システムの周辺に位置づくネットワークは、社会の中心におけるガバナンスの新たな形態としてのネットワークとは異なる。後者は、ボール（Ball 2008）が指摘するように、「市場、ヒエラルヒー、ネットワークが賢明に混合され」たものであって、官僚制（ヒエラルヒー）と市場を乗り越える「構想」としてではなく、むしろその両者を「補完」する働きをしている。

第7章　多文化教育とは？

1　ただし、「学習言語／日常言語」図式の元となっているカミンズの論は、生活言語を土台にして学習言語を効果的に習得することができるというものである。同時に、母語と第二言語は相互的に依存して形成され、母語が発達すれば、第二言語も伸長するという、いわゆる二言語相互依存仮説を唱えている（Cummins & Danesi 1990=2005）。

1　ルーマン自身は、「世界社会」(Weltgesellschaft, world society)という語を用いている(GdG)。なお、個別の論文としては、「Globalization or World Society」(GW)を参照。

2　現象面だけを取り出すと、中国は個人主義で、日本は集団主義という分け方もできるが(大和 二〇〇五)、本章では、中国は組織内での個人裁量の範囲が相対的に大きく、日本は狭いという違いとして解釈する。

3　ここでは、「カップリング」とは、二つの異なるシステムのコミュニケーションが「結合」されるメカニズムをさす。その結合が継続し、固定化される場合は、両システムにまたがる制度などが形成される。ルーマンはそれを「構造的カップリング」と呼ぶ(RdG, 石戸 二〇〇三)。

4　ただし、この調査は不定期に実施されているため、必ずしも一定間隔のデータではない。

5　質問文はつぎのようである。「あなたは、今の学校教育に、満足していますか、それとも、不満ですか」。選択肢は、「答えない」以外は、「a：満足している、b：どちらかといえば満足している、c：どちらかといえば不満だ、d：不満だ」の四つである。図1では、aとb、cとdを合わせて「満足」「不満」として表示している。

6　質問文：「あなたが、今の学校教育に対して、不満に思うこと、あるいは、改革が必要だと思うことは何ですか。次の中から、あれば、いくつでもあげて下さい。」選択肢は「教師の質」「道徳教育」「情操教育」「学力の低下」「詰め込み教育」「偏差値教育」「校内暴力・非行」「いじめ」「高校入試」「大学入試」「教育費」「その他」「とくにない」「答えない」である。

7　一九八〇年代に吹き荒れた校内暴力はいったん鎮静化したが、一九九七年は小中高校を合わせた暴力行為件数がそれまでの最高となり、神戸連続児童殺傷事件が起きている。

8　学校に導入することが期待される新たなカリキュラム内容が増えていることについては、石戸（二〇〇三）を参照。

9　「ゆとり教育」が学力低下を招いたという見方が不適切であることについては、（佐藤・岡本　二〇一四）を参照。二〇〇〇年代前半は、小中学生の学力の実態について、いくつかの実証的データが提出された時期でもある。それによると、学力の低下が認められるのは事実である。だが、その研究に関わった教育社会学者たちの見方は、その低下の要因は必ずしも「ゆとり教育」ではないというものであった。すなわち、「低下」という語は、一律に（おしなべて）低くなるという語感があるが、実は、「学力の二極化」のほうがその実態を示すということが分かってきた。たとえば、耳塚は、同一問題の比較によって、生じている得点の低下のうち、教育内容の削減によって生じたのは、約二〇%しか説明がつかないという（苅谷・志水　二〇〇四：三二）残りの部分は、実は、「学力の二極化」によってしか説明がつかないとされる。すなわち、学力上位層はこれまでの学力水準を維持しているのに対して、学力下位層の占める割合が高くなっていて、それが全体としての水準低下を招いていることがわかってきた。

10　また、二〇〇〇年前後の学力低下論争および「ゆとり教育」批判も、そういった社会的不満・不安を背景にして盛り上がったと考えられる。

11　澤田・崔・菅野（二〇一〇）は、「日本における男性の自殺率と失業率との間に強い相関関係があること」を実証している。

12　労働者数に占める非正規労働者の割合は、一九八五年に一六・四%であったのが、二〇一三年には三六・七%へと増加している（「非正規雇用」の現状と課題」厚生労働省〈http://www.mhlw.go.jp/stf/seisakunitsuite/bunya/0000046231.html〉）。

13　澤田・崔・菅野（二〇一〇）は、ＯＥＣＤ諸国の中でも「特に日本の自殺率が失業率と強い関係を持っている」と指摘している。

第9章　戦争・テロと教育システム

1　テロという行為をコミュニケーションとしてとらえる見方もある。その論議については、〈高橋二〇一一〉を参照。本稿では、テロが社会に対して外的脅威として自己呈示する面、すなわち、コミュニケーションを拒絶する行為であることに注目する。すなわち、テロ行為そのものと、テロについてのコミュニケーションとを区別する。

2　この疑問には哲学的・倫理学的に応答しがちだが、システム論的にはつぎのようにとらえることができる。すなわち、「人を殺す」ことは、人とのコミュニケーションを永遠に拒絶することである。したがって、こういう疑問を発してコミュニケーションをとろうとすること自体が意味のないことになる。

3　ミルズ（Mills 1956=1958）は、すでに一九五〇年代にアメリカでこのような軍事複合体とそれを支配する「パワーエリート」が出現していることを指摘したが、今日ではそれは全世界規模にまで拡大してきている。

4　この事件について、木村（二〇一四）はK死刑囚の生育から職場状況、犯行に至る心理状態まで詳細に考察している。そこでは、この事件を「社会に向けられた自爆自殺的犯罪」としている。

補　論　コロナ・パンデミックと教育

1　本論では、「教育的教授」としての「授業」にそって考察しているが、制度的・組織的要素を最小限にすることを志向する共同体型の授業においては、オンライン授業による代替はいっそう難しいと思われる。また、非認知能力の形成が特に重視される幼児教育段階においても同様である。

2　「オンライン授業に関する中学生とその親の実態調査」（ＭＭＤ研究所、二〇二〇年八月五日〜八月一〇日実施）では「学校主催のオンライン授業」への満足度（「満足している」と「やや満足している」）は七三・六％であった。

引用・参考文献

■ルーマンの著作

Luhmann, N. & K. E. Schorr, *Reflexionsprobleme im Erziehungssystem*, Klett-Cotta, 1979. →RE

Luhmann, N., *Politische Theorie im Wohlfahrtsstaat*, Olzog, 1981.（『福祉国家における政治理論』徳安彰訳、勁草書房、二〇〇七年）→PTW

Luhmann, N., *Liebe als Passion : zur Codierung von Intimität*, Suhrkamp, 1982.（『情熱としての愛——親密さのコード化』佐藤勉・村中知子訳、木鐸社、二〇〇五年）→LP

Luhmann, N., *Soziale Systeme : Grundriß einer allgemeinen Theorie*, Suhrkamp, 1984.（『社会システム理論（上・下）』佐藤勉監訳、恒星社厚生閣、一九九三／一九九五年）→SS

Luhmann, N., *Archimedes und Wir : Interviews*, Perfect Paperback, 1987.（『ルーマン、学問と自身を語る』土方透・松戸行雄訳、新泉社、一九九六年）→AW

Luhmann, N., *Essays on Self-Reference*, Columbia University Press, 1990.（『自己言及性について』土方透・大沢

善信訳、国文社、一九九六年）→ESR

Luhmann, N., *Soziologie des Risikos*, de Gruyter, 1991.（『リスクの社会学』小松丈晃訳、新泉社、二〇一四年）→SR

Luhmann, N., *Das Kind als Medium der Erziehung*, Zeitschrift für Pädagogik, 37., 1991.（「教育メディアとしての子ども」今井重孝訳、『教育学年報４　個性という幻想』世織書房、一九九五年）→KME

Luhmann, N., *Das Recht der Gesellschaft*, Suhrkamp, 1993.（『社会の法（一・二）』馬場靖雄・江口厚仁・上村隆広訳、法政大学出版局、二〇〇三年）→RdG

Luhmann, N., Inklusuion und Exklusion, in : ders., *Soziologische Aufklärung* Bd.VI, Westdeutscher Verlag, 1995.（「インクルージョンとエクスクルージョン」『ポストヒューマンの人間論』村上淳一訳、東京大学出版会、二〇〇七年）→IE

Luhmann, N., *Die Realitat der Massmedien*, 1996.（『マスメディアのリアリティ』林香里訳、木鐸社、二〇〇五年）→RM

Luhmann, N., *Die Gesellschaft der Gesellschaft*, Suhrkamp, 1997.（『社会の社会（一・二）』馬場靖雄・赤堀三郎・菅原謙・高橋徹訳、法政大学出版局、二〇〇九年）→GdG

Luhmann, N., Globalization or World Society : how to conceive of modern society?, *International Review of Sociology*, 7 (1), 1997. →GW

Luhmann, N., *Organization und Entscheidung*, Westdeutcher Verlag, 2000. →OE

Luhmann, N., *Das Erziehungssystem der Gesellschaft*, Suhrkamp, 2002.（『社会の教育システム』村上淳一訳、東京大学出版局、二〇〇四年）→EG

Luhmann, N., *Einfürung in die Systemtheorie*, Auer Verlag, 2002.（『システム理論入門』土方透監訳、新泉社、

二〇〇七年）→ES

*

雨宮処凛・小森陽一『生きさせる思想――記憶の解析、生存の肯定』新日本出版社、二〇〇八年。
Anderson, B. R. O., *Imagined Communities : Reflections on the Origin and Spread of Nationalism*, Verso, 2006.（『定本　想像の共同体：ナショナリズムの起源と流行』白石隆・白石さや訳、書籍工房早山、二〇〇七年）
浅野智彦『趣味縁からはじまる社会参加』（シリーズ若者の気分）、岩波書店、二〇一一年。
麻生多聞「中学校社会科公民的分野における平和教育実践の展開と課題」『鳴門教育大学研究紀要』三三、二〇一八年。
Ball, S., New Philanthropy, New Networks and New Governance in Education, *Political Studies*, 56（4）, 2008.
Bauman, Z., *Work, Consumerism and the New Poor*, Open University Press, 1998.（『新しい貧困――労働、消費主義、ニュープア』伊藤茂訳、青土社、二〇〇八年）
Beck, U., A. Giddens, & S. Lash, *Reflexive Modernization : Politics, Tradition and Aesthetics in the Modern Social Order*, Polity, 1994.（『再帰的近代化――近現代における政治、伝統、美的原理』松尾精文・小幡正敏・叶堂隆三訳、而立書房、一九九七年）
Beck, U., *Risikogesellschaft : Auf dem Weg in eine andere Moderne*, Suhrkamp, 1986.（『危険社会――新しい近代への道』東廉・伊藤美登里訳、法政大学出版局、一九九八年）
Berger, P.L.「西と東」『アジア文化圏の再発見』弘文堂、一九八四年。
Bommes, M. & V. Tacke, Netzwerke in der ‚Gesellschaft der Gesellschaft'. Funktionen und Folgen einer doppelten Begriffsverwendung, *Soziale Systeme* 13（1+2）, 2007.

Bommes, M., Migrantennetzwerke in der funktional differenzierten Gesellschaft in : Bommes, M./V. Tacke, *Netzwerke in der funktional differenzierten Gesellschaft*, VS Verlag, 2011.

Chiang, T - H., The Influence of Sino-Culture on the Meanings of University Diplomas in Taiwan : The Cultural Gap between the West and Taiwan, *Journal of Global Economy*, 6（5-6）, 2010.

Cummins, J., & M.Danesi, *Heritage Languages : The development and denial of Canada's linguistic resources*, Our Schools/Ourselves Education Foundation, 1990.（『カナダの継承語教育――多文化・多言語主義をめざして』中島和子・高垣俊之訳、明石書店、二〇〇五年）

Cummings, W. K., *Education and Equality in Japan*, Princeton University Press, 1980.（『ニッポンの学校』友田泰正監訳、サイマル出版会、一九八一年）

堂免信義「現代の貨幣経済における経済格差拡大メカニズムの理論的考察――その二：科学技術の発展による貧困の拡大」*Journal of Integrated Creative Studies*（京都大学未来創成学国際研究ユニット）、二〇一七年五月。

Durkheim, E., *De la division du travail social*, 1893.（『社会分業論』田原音和訳、青木書店、一九七一年）

Durkheim, E., *L'évolution pdagogique en France*, PUF, 1938.（『フランス教育思想史（上・下）』小関藤一郎訳、普遍社、一九六六年）

Fuchs, P., Kein Anschluß unter dieser Nummer oder Terror ist wirklich blindwütig, 2002,〈www.fen.ch/texte/gast_fuchs_terrorismus.〉.

Fuchs, S., *Against Essentialism : A theory of culture and society*, Harvard University Press, 2001.

Fuhse, J. A., Verbindung und Grenzen, in : Weyer, J.(Hrsg.), *Soziale Netzwerke-Konzepte und Methoden der sozialwissenschaften Netzwerkforschung*, 2., Oldenbourg Verlag, 2011.

Galtung, J., Violence, Peace, and Peace Research, *Journal of Peace Research*, 6 (3), 1969.（「暴力、平和、平和研究」『構造的暴力と平和』高柳先男・塩屋保・酒井由美子訳、中央大学出版部、一九九一年）

Giddens, A., *The Consequences of Modernity*, Stanford University Press, 1990.（『近代とはいかなる時代か？——モダニティの帰結』松尾精文・小幡正敏訳、而立書房、一九九三年）

Giddens, A., *Beyond Left and Right : The Future of Radical Politics* , Polity Press, 1994.（『左派右派を超えて——ラディカルな政治の未来像』松尾精文・立松隆介訳、而立書房、二〇〇二年）

Gilligan, C., Knowing and not Knowing : reflections on manhood, *Psychotherapy and Politics International*, 2 (2), 2004.

広田照幸「〈教育知〉としての青少年問題：「教育の失敗」という教育神話（課題研究Ⅱ：〈教育知〉を問い直す）」日本教育社会学会大会発表要旨集録（五一）、一九九九年。

Holzer, B., Die Differenzierung von Netzwerk, Interaktion und Gesellschaft, in : Bommess, M. /V. Tacke（Hrsg.), *Netzwerke in der functional differnzierten Gesellschaft*, VS Verlag, 2011.

Holzinger, M., Niklas Luhmanns Systemtheorie und Kriege, *Zeitschrift für Soziologie*, 43 (6), 2014.

本田由紀『教育の職業的意義——若者、学校、社会をつなぐ』ちくま新書、二〇〇九年。

Huntington, S. P., *The Clash of Civilizations and the Remaking of World Order*, Simon & Schuster, 1996.（『文明の衝突』鈴木主税訳、集英社、一九九八年）

Hutton, W., *The State We're In*, Jonathan Cape, 1995.

今村仁司『貨幣とは何だろうか』ちくま新書、一九九四年。

今田高俊「ネットワーク論を超えて——リゾーミックなシステム観」『フィナンシャル・レビュー』二六号、一九九三年。

今井賢一・金子郁容『ネットワーク組織論』岩波書店、一九八八年。

石戸教嗣『教育現象のシステム論』勁草書房、二〇〇三年。

石戸教嗣『リスクとしての教育』世界思想社、二〇〇七年。

石黒馨「ネオ・リベラリズムを超えて」石黒馨編『ラテンアメリカ経済学』世界思想社、二〇〇三年。

伊藤大一「官僚制の日本的形態について」『北大法学論集』二九（三－四）、一九七九年。

岩木秀夫『ゆとり教育から個性浪費社会へ』ちくま新書、二〇〇四年。

Joppke, Ch., *Citizenship and Immigration*, Polity Press, 2010.（『軽いシティズンシップ——市民、外国人、リベラリズムのゆくえ』遠藤乾・佐藤崇子・井口保宏訳、岩波書店、二〇一三年）

苅谷剛彦『「学力低下」の実態』岩波ブックレット、二〇〇三年。

苅谷剛彦・志水宏吉編『学力の社会学——調査が示す学力の変化と学習の課題』岩波書店、二〇〇四年。

片田敏孝『子どもたちに「生き抜く力」を——釜石の事例に学ぶ津波防災教育』フレーベル館、二〇一二年。

加藤義喜「東アジアの社会関係資本と国民性」『融合文化研究』第一二号、二〇〇九年。

経済同友会『新しい個の育成』一九八九年。

経済同友会『学校から「合校」（がっこう）へ』一九九五年。

木村隆夫「秋葉原無差別殺傷事件、加害者Kの育ちと犯罪過程の考察」『日本福祉大学子ども発達学論集』第六号、二〇一四年。

Kuchler, B., Krieg und gesellschaftliche Differenzierung, *Zeitschrift für Soziologie*, 42 (6), 2013.

Lave, J. & E. Wenger, *Situated Learning : Legitimate Peripheral Participation*, Cambridge University Press, 1991.（『状況に埋め込まれた学習：正統的周辺参加』佐伯胖訳、産業図書、一九九三年）

Levinas, E., *Totalite et Infini : Essai sur l'exteriorite*, Nijhoff, 1961.（『全体性と無限』熊野純彦訳、岩波文庫、

二〇〇五年）

Levitas, R., The *Inclusive Society?*, Palgrave, 2005.

毎日新聞社会部編『「いじめ」事件』毎日新聞社、一九九五年。

松原隆一郎「消費と信頼」『〈新しい市場社会〉の構想――信頼と公正の経済社会像』佐伯啓思・松原隆一郎編、新世社、二〇〇二年。

Meyer, J. W. & D. H. Kamens, Conclusion : accounting for a world curriculum, in : Meyer, J. W., D. H. Kamens & A.Benavot, with Cha, Y. K. & S. Y. Wong (eds.) *School Knowledge for the Masses : World Models and National Primary Curricular Categories in the Twentieth Century*, Falmer Press, 1992.

Mills, C. W., *The Power Elite*, Oxford University Press, 1956.（『パワー・エリート（上・下）』鵜飼信成・綿貫譲治訳、東京大学出版会、一九五八年）

耳塚寛明・金子真理子・諸田裕子・山田哲也「先鋭化する学力の二極分化」『論座』二〇〇二年一一月。

宮田加久子『きずなをつなぐメディア：ネット時代の社会関係資本』ＮＴＴ出版、二〇〇五年。

宮寺晃夫『リベラリズムの教育哲学――多様性と選択』勁草書房、二〇〇〇年。

宮寺晃夫『教育の分配論――公正な能力開発とは何か』勁草書房、二〇〇六年。

文部科学省『キャリア教育の推進に関する総合的調査研究協力者会議報告書』二〇〇四年。

森美智代「国語教育思想の一考察：思想的背景としてのレヴィナスの「他者」論の検討」『滋賀大国文』四七、二〇〇九年。

森嶋通夫『なぜ日本は「成功」したか？』（森嶋通夫著作集一三）、岩波書店、二〇〇四年。

森田伸子「学力論争とリテラシー」『現代思想』三四（五）、二〇〇六年。

奈良勝行「ＯＥＣＤコンピテンシー概念の分析と一面的「PISA型学力」の問題点」『和光大学現代人間学部紀

要』第三号、二〇一〇年。
西口敏宏『ネットワーク思考のすすめ：ネットセントリック時代の組織戦略』東洋経済新報社、二〇〇九年。
Noddings, N., *The Challenge to Care in School : An Alternative Approach to Education*, Teachers College Press, 1992.（『学校におけるケアの挑戦――もう一つの教育を求めて』佐藤学監訳、ゆみる出版、二〇〇七年）
OECD, The Definition and Selection of Key Competencies : Executive Summary, 2005.
OECD, *Education at a Glance*, 2009.
Offe, C., Towards a new Equilibrium of Citizens' Rights and Economic Resources?, *Societal Cohesion and the Globalising Economy*, OECD, 1997.
岡田朋之「ネットいじめとスクールカースト」原清治・山内乾史編『ネットいじめはなぜ「痛い」のか』ミネルヴァ書房、二〇一一年。
大澤善信『ネットワーク社会と空間のポリティクス：都市・モダニティ・グローバリゼーション』春風社、二〇一〇年。
Reich, R. B., *The Work of Nations : Preparing Ourselves for 21st Century Capitalism*, Vintage, 1991.（『ザ・ワーク・オブ・ネーションズ――二一世紀資本主義のイメージ』中谷巌訳、ダイヤモンド社、一九九一年）
Reich, R. B., *The Future of Success : Working and Living in the New Economy*, Vintage, 2000.（『勝者の代償――ニューエコノミーの深淵と未来』清家篤訳、東洋経済新報社、二〇〇二年）
李健泳「日本と韓国における社会文化構造の比較――儒教の秩序文化とその受容」『名古屋商科大学論集』三七（二）、一九九三年。
Rychen, D. S./L. H. Salganik (eds.), *Key Competencies for a Successful Life and a Well-functioning Society*,

Hogrefe & Huber, 2005.（『キー・コンピテンシー――国際標準の学力をめざして』立田慶裕監訳、明石書店、二〇〇六年）

佐伯啓思・松原隆一郎編『〈新しい市場社会〉の構想――信頼と公正の経済社会像』新世社、二〇〇二年。

佐々木賢「教育『民営化』の意味」『現代思想』青土社、二〇〇六年四月。

佐藤学「贈与・再分配・交換の教育関係」『教育学年報五』世織書房、一九九六年。

佐藤学「リテラシー教育の現代的意義」『教育方法』三六号、二〇〇七年。

佐藤博志・岡本智周『「ゆとり」批判はどうつくられたのか――世代論を解きほぐす』太郎次郎社エディタス、二〇一四年。

澤田康幸・崔允禎・菅野早紀「不況・失業と自殺の関係についての一考察」『日本労働研究雑誌』五九八号、二〇一〇年。

Sen, A. K., *Poverty and Famines : an Essay on Entitlement and Deprivation*, Clarendon Press, 1981.（『貧困と飢饉』黒崎卓・山崎幸治訳，岩波書店、二〇〇〇年）

Sen, A. K., *Inequality Reexamined*, Clarendon Press, 1992.（『不平等の再検討――潜在能力と自由』池本幸生・野上裕・佐藤仁訳，岩波書店、一九九九年）

Sen, A. K.『人間の安全保障』東郷えりか訳、集英社、二〇〇六年。

志水宏吉『公立学校の底力』ちくま新書、二〇〇八年。

清水功也「二一世紀の平和を考える学校教育プログラムの一考察――現行の平和教育に関する課題と提言」（〇七年度二一世紀社会デザイン研究学会 全国大会資料〈http://www.tachibanaseminar.org/peace/07i.shimizu-genkou.pdf〉。

清水睦美・家上幸子・児島明「「当事者になっていく」ということ」『日本教育社会学会大会発表要旨集録』五

八、二〇〇六年。
Shirky, C., *Here Comes Everybody*, Penguin Books, 2008.（『みんな集まれ！』岩下慶一訳、筑摩書房、二〇一〇年）
鈴木翔『教室内（スクール）カースト』光文社新書、二〇一二年。
Shu, F. L. K., *Clan, Caste, and Club*, Princeton, 1963.（『比較文明社会論：クラン・カスト・クラブ・家元』作田啓一・浜口恵俊訳、培風館、一九七一年）
Smith A. D., *National Identity*, Penguin, 1991.（『ナショナリズムの生命力』高柳先男訳、晶文社、一九九八年）
Snell, L., Defining the Educational Market, *Cato Journal*, Vol.25, No.2, 2005.
Steiner, R., *Nationalökonomischer Kurs*, R.Steiner Verlag, 1904/1905.（『シュタイナー経済学講座――国民経済から世界経済へ』西川隆範訳、筑摩書房、一九九八年）
Steiner, R., *Soziale Zukunft*, 1977（1919）.（『社会の未来――シュタイナー一九一九年の講演録』高橋巖訳、春秋社、二〇〇九年）
竹内久顕「平和教育学への予備的考察（3）平和教育学の課題と方法」『東京女子大学紀要論集』六一（二）、二〇一一年。
Takke, J., Facebook : Networking the Community of Society（Conference Paper for the 11th Annual International and Interdisciplinary Conference of the Association of Internet Researchers, October, 2010, Gothenburg, Sweden）.
Tacke, V., Netzwerk und Adresse, *Soziale Systeme* 6（2）, 2000.
高橋徹「コミュニケーション・システムとしてのテロリズム」『社会情報』二一（一）、二〇一一年。
滝充「講演記録 いじめ問題の原点をふりかえる（第八回教育デザインフォーラム大会記録 シンポジウム いじめ

問題を考える：解決の方策を求めて）」『教育デザイン研究』四、二〇一三年。
Thomas, P., Youth, Terrorism and Education : Britain's prevent programme, *International Journal of Life-long Education* 35 (2), 2016.
卯月由佳「〈教育機会の平等〉の再検討と〈公共財としての教育〉の可能性」『教育社会学研究』第七四集、二〇〇四年。
Vandenberghe, V., Combining Market and Bureaucratic Control in Education, *Comparative Education*, 35 (3), 1999.
Wagner A., Citizenship through Education. A comment on social exclusion in Europe : some conceptual issues, *International Journal of Social Welfare*, Vol.17, 2008.
Walzer, M., *Spheres of Justices : A Defense of Pluralism and Equality*, Basic Books, 1983.（『正義の領分』山口晃訳、而立書房、一九九九年）
Watts. D. J., *Small Worlds : The Dynamics of Networks between Order and Randomness*, Princeton University Press, 2003.（『スモールワールド――ネットワークの構造とダイナミクス』栗原聡・福田健介・佐藤進也訳、東京電機大学出版局、二〇〇六年）
White, J., Education, the Market and the Nature of Personal Well-being, *British Journal of Sociology of Education*, 50 (4), 2002.
大和正典「資本主義的発展と宗教倫理および個人主義との関係」『帝京国際文化』一八、二〇〇五年。
矢野智司『贈与と交換の教育学――漱石、賢治と純粋贈与のレッスン』東京大学出版会、二〇〇八年。
吉川肇子『リスクとつきあう――危険な時代のコミュニケーション』有斐閣、二〇〇〇年。
Young, J., *The Exclusive Society : Social Exclusion, Crime and Difference in Late Modernity*, Sage, 1999.（『排

除型社会――後期近代における犯罪・雇用・差異』青木秀雄訳、洛北出版、二〇〇七年）
Young, J., *The Vertigo of Late Modernity*, Sage, 2007.（『後期近代の眩暈――排除から過剰包摂へ』木下ちがや・中村好孝・丸山真央訳、青土社、二〇〇八年）
湯浅誠『反貧困――「すべり台社会」からの脱出』岩波新書、二〇〇八年。

あとがき

本書の成り立ちを述べるのに、いまだに脳裏から離れない一つの場面の思い出話をお許しいただきたい。

それは、私がまだ京都の女子大で講師をしていた三五年前、ルーマンの著作に初めて出会った日のことである。晩冬の薄曇りの日曜日だった。休日の夕方は自転車で散歩に出るのが常だったが、その日は、気のむくままに、千本通りまで足をのばした。その道筋にある大学を通り過ぎたとき、一軒のこじんまりした洋書店が目に入った。こんなところに本屋があったかなと思いつつ、ふらっと入ってみた。一階の書棚にはめぼしい本もなく、帰ろうとしたが、何気なく二階に足が向かった。そこは、棚に出す前の大量の本が雑然と床に積まれたまま倉庫のようになっていた。裸電灯はついていたと思うが、夕暮れなので薄暗く、書名も読み取れないほどだった。そのため、ざっと見渡しただけで戻ろうとしたとき、本の山の奥の一番下の本が目に入った。何となく気になった。本の山が崩れないように、そっと引き出して手にとってみた。それが、ルーマンの『教育システムの反省問題』（初版）であった。

普通なら洋書でも、ぱらぱらとページを繰ると、おおよそのイメージがつかめると思うが、その本は、何について書かれているのかすらわからなかった。そのまま本の山に戻すか、しばらく迷ったが、購入することにした。次年度に母校の非常勤で外書講読の授業が予定されていたので、その参考になると思ったかもしれない。

家に戻って改めて読み始めたが、それでも、さっぱり意味がつかめなかった。一つずつの文章が読み取れないだけでなく、社会学でルーマンの名をちらほら目にする程度の時期で、どういうスタンスから書かれているのかもわからなかった。

こんな経験は初めてであった。理解できないままの不消化感と、何か未知の理論かもしれないというおぼろげな期待から、読み続けることにした。そのときは、私にとってのこれからの主たる研究になるとは思いもせず、時間があるときに、少しずつ読んでいった。最後のページまで読み終えるのに、二～三年はかかったが、それでもその本の意義はつかめず、しばらくそのままにしていた。

こんな偶然の出会いから始まったルーマンとの関係だが、いつのまにか私の研究に占める比重が大きくなっていった。そのうち毎日の日課として計画を立てて読むまでになった。それは、うっすらと表面の膜がはがれてきたという感覚と、これだけ時間をかけたのだから、何か成果を出して元をとらないといけないというけちな研究心理もあったと思う。それでも、一番大きかったのは、当時の教育社会学がめまぐるしく変化していて、フーコー、ポストモダン、脱構築……といった言説があふれる中で、自分の研究にとっての理論的支柱が見えなくなっていたことだったと思う。

私にとって「理論」は教育事象研究のための「支柱」である。これは理論的「土壌」といいかえてもよい。つまり、何かを結実させるための支えとなるもの、あるいは基盤ということである。私にとってルーマンの理論は、現実を切り取るための有効な一つの認識枠組みである。費やした時間と手間からすればルーマン研究がメインのように見えるかもしれないが、私の本意は、自分のフィールドの教育研究にそれを援用することにあった。

社会学理論を大枠として据えて教育事象にアプローチするという研究スタイルをとることは、大学院での指導教官であった故渡辺洋二先生と柴野昌山先生からも理解を得ていた。渡辺先生には、いろんな理論のつまみ食いを繰り返す私を見かねて、もう少し長い目で理論探しをするようにという助言もいただいていた。先生のこういう慈愛と期待もルーマン研究を続ける糧であった。だが、あまりに長い猶予をいただいた感がある。

それにしても、三五年前のあの日に散歩に出なければ、書店に足を向けなければ、その店の二階に上らなかったなら、隅の下の書物に手を伸ばさなかったなら、……この書も存在しなかったかもしれない。「邂逅」のなせる業である。

本書の刊行にあたっては、世織書房のご好意・配慮をいただいた。お礼を申し上げます。

著者

【初出一覧】（各章とも表現を一部変更、加筆している）

序　論「ルーマンの教育システム論を概観する」（書下し）

第1章「労働の変化と教育システム——教育原理のシステム論的再編」（原題「排除社会における教育原理の分化と接合——労働の変化に対応する教育概念のシステム論的再編——」）『教育学研究』七七（四）、二〇一〇年。

第2章「「商品としての教育」から「贈与としての教育」へ」（書下し）

第3章「いじめのシステム論（1）——包摂と排除のネットワークの視点から」（原題「システムとしてのいじめ：ネットワークの視点から見た教育方法の再検討」）『川口短大紀要』三〇、二〇一六年。

第4章「いじめのシステム論（2）——日本社会の縮図としての「いじめ」」（書下し）

第5章「ネットワークとしての教育システム」（書下し）

第6章「システム論的リスク論から見た教育——リスク社会のとらえ直しと教育の課題」（原題「システム論的リスク論から見た教育：リスク社会のとらえ直しと教育の課題」）『教育学研究ジャーナル』一二、二〇一三年。

第7章「多文化教育とは?」（原題『埼玉県における「日本語を母語としない中学生」——生徒・保護者への質問紙調査報告書——』）埼玉大学教育社会学研究室、二〇一四年。

第8章「日本の教育システムの変化とグローバリゼーション——イエモト組織の変化と教育・労働のカップリング」（書下し）

第9章「戦争・テロと教育システム——「希望」を語るシステム」（書下し）

著者紹介

石戸教嗣（いしど・のりつぐ）

1950年生まれ。埼玉大学名誉教授。

主な著書に、『新版・教育社会学を学ぶ人のために』（編著、世界思想社、2013年)。『システムとしての教育を探る：自己創出する人間と社会』（共編著、勁草書房、2011年)。『リスクとしての教育；システム論的接近』（世界思想社、2007年)。『教育現象のシステム論』（勁草書房、2003年)。『ルーマンの教育システム論』（恒星社厚生閣、2000年）などがある。

現代教育のシステム論――ルーマンの構図

2021年12月8日　第1刷発行©

著　者　石戸教嗣
装幀者　M. 冠着
発行者　伊藤晶宣
発行所　(株)世織書房
印刷所　新灯印刷(株)
製本所　協栄製本(株)

〒220-0042 神奈川県横浜市西区戸部町7丁目240番地 文教堂ビル
電話045(317)3176　振替00250-2-18694

乱丁本はお取替えいたします　Printed in Japan
ISBN978-4-86686-023-7